日本の偉人物語❽

空海
勝海舟
今村均

岡田幹彦

光明思想社

はじめに

『日本の偉人物語8』は、空海《くうかい》・勝海舟《かつかいしゅう》・今村均《いまむらひとし》を取り上げた。弘法大師《こうぼうだいし》空海を知らない人はいない。日本的仏教の樹立者《じゅりつしゃ》・確立者《かくりつしゃ》としてわが国第一の仏教者である。空海は仏教のみならず学問、文章、漢詩、書、美術工芸、建築、治水《ちすい》・土木、教育、治病、慈善事業等の多方面において驚くべき才能を発揮《はっき》して人々を救済し、世のため国のために全生涯《しょうがい》を捧《ささ》げた人物であり、聖《しょう》徳太子《とくたいし》とともに古代日本を代表する二大天才であった。

空海の伝記は約七百種と飛びぬけて多く、伝説は全国に約五千と言われている。それは空海が約千二百年間いかに日本人から「お大師《だいし》さま」として絶大なる崇敬《すうけい》、仰慕《ぎょうぼ》を受けてきたかを物語っている。また空海の開創《かいそう》した高野山金剛峯寺《こうやさんこんごうぶじ》、そして嵯峨天皇《さがてんのう》より給預《きゅうよ》された東寺《とうじ》はともに仏教美術・工芸品の宝庫《ほうこ》であり、ことに高野山は日本仏教の一大聖地《いちだいせいち》として「山の正倉院《しょうそういん》」の別名を持っている。そうして今日、空海は日本仏教史に屹立《きつりつ》する最高峰《さいこうほう》として改めて見直されている。

勝海舟《かつかいしゅう》は西郷隆盛と談判《だんぱん》を行い江戸無血開城《えどむけつかいじょう》を成し遂げ、明治維新を成立させた一方の立役者《たてやくしゃ》である。勝海舟は幕府の最下級の御家人《ごけにん》だったが、艱難辛苦《かんなんしんく》をものともせず驚くべき根気《こんき》と不撓不屈《ふとうふくつ》の努力をもって剣術と蘭学《らんがく》に打ちこみとともに超一流の腕前に達して、徳川幕府の海軍を作り上げた第一人者であり、咸臨丸《かんりんまる》艦長として初めて太平洋を渡ってアメリカを訪問した人物である。

勝海舟は幕臣ではあったが「幕府本位《ばくふほんい》」ではなく、天皇・皇室を上《かみ》に戴《いただ》く「国家本位・日本本位」の先駆者《せんくしゃ》であったから、主戦論《しゅせんろん》を唱える大半の旧幕臣らを抑《おさ》えつけて、徳川家の朝廷《ちょうてい》に対する「恭順《きょうじゅん》」を貫《つらぬ》くことに命をかけて西郷との談判を辛《かろ》うじてやり遂げ、江戸無血開城を実現したのであった。それは奇蹟《きせき》に類することであった。わが国が欧米列強に支配され植民地にならず世界に雄飛《ゆうひ》することができたのは偏《ひとえ》に明治維新があったからである。

今村均《いまむらひとし》は大東亜《だいとうあ》戦争において、インドネシアを三百年以上植民地《しょくみんち》として支配したオランダ軍を打ち破り、インドネシア独立の礎《いしずえ》を築いた陸軍大将であり、

はじめに

大東亜戦争中一度も破れたことのない国軍きっての名将《めいしょう》であった。インドネシアは世界有数の親日国だが、その理由は偏《ひとえ》に日本軍がオランダ軍を打ち破り植民地支配を終わらせたことにある。インドネシア人が最も尊敬してやまない日本人が今村均である。

今村は戦後、不当無法な戦争裁判により「戦犯《せんぱん》」とされて十年間牢獄に入れられたが、そうした艱難辛苦がついに今村の人格を玉成《ぎょくせい》して、「昭和の聖将《せいしょう》」「昭和の乃木《のぎ》大将」と称《たた》えられるに至った。今村が生涯《しょうがい》胸に抱《いだ》いて手本と仰《あお》いだ人物が、日露戦争の勝利を導いた国民的英雄乃木希典《のぎまれすけ》であったのである。両者は明治と昭和が生んだ聖将であった。

本書の出版に当たりご尽力頂いた光明思想社社長白水春人氏ならびに中村龍雄氏に深く謝意を捧げる。

令和五年三月

岡田幹彦

日本の偉人物語 8

空海　勝海舟　今村均

目次

はじめに

第一話　空海
――日本的仏教を樹立した大聖

第二話　勝海舟

――日本新生に捧げた生涯

第三話　今村均

――昭和の聖将

4、余生を部下に捧ぐ

※カバー写真：高野山金剛峯寺蔵、「近代日本人の肖像」（国立国会図書館）を加工して作成

第一話

空海
——日本的仏教を樹立した大聖

空海

宝亀５年(774) ～ 承和２年(835)
平安時代初期の僧。諡号《しごう》は弘法大師(こうぼうだいし)。真言宗の開祖。俗名は佐伯真魚(さえきのまお)。能書家でもあり、嵯峨天皇・橘逸勢と共に三筆のひとりに数えられている。(肖像画：高野山金剛峯寺所蔵)

1、仏教的庶民信仰の王座を占めてきた「お大師さま」

わが国古代の二大天才――聖徳太子と空海

仏教の各宗派《かくしゅうは》を超《こ》えてあらゆる層《そう》の日本人に最も広く尊敬され親愛《しんあい》されてきた仏教者《ぶっきょうしゃ》の第一は、何といっても弘法大師空海《こうぼうだいしくうかい》である。それは全《まった》く群《ぐん》を抜《ぬ》いている。「弘法大師《こうぼうだいし》」の名は死後八十六年を経《へ》て醍醐天皇《だいごてんのう》より下賜《かし》（高貴《こうき》な方から物などを頂《いただ》くこと）されたものである。これまで日本人は空海を「お大師さま」と呼んで格別《かくべつ》に崇敬《すうけい》（尊び敬うこと）してきた。「大師」の名を授《さず》けられた仏僧《ぶっそう》は少なくないが、大師《だいし》といえば空海の名が真先《まっさき》にあがった。そこで「大師は弘法《こうぼう》に取られ」という言葉が生まれた。

一面、仏教国でもあるわが国には、一宗一派を開いた最澄《さいちょう》、法然《ほうねん》、親鸞《しんらん》、道元《どうげん》、日蓮《にちれん》など傑出《けっしゅつ》した宗祖《しゅうそ》が出現したが、空海は一頭地《いっとうち》を抜く宗祖の筆頭《ひっとう》であった。弘法大師空海に対する庶民《しょみん》の熱《あつ》い思いは宗派《しゅうは》にかかわりのない根強《ねづよ》い全国民的な「大師信仰」を生み出し、今日まで約千二百年間、仏教的な庶民信仰の王《おう》座《ざ》を占《し》めてきたことはまことに驚くべきことである。

庶民の大師信仰を象徴《しょうちょう》するものに、四国八十八箇所霊場《かしょれいじょう》の巡礼《じゅんれい》がある。それは江戸時代に確立《かくりつ》したものだが、宗派を問わぬ大師信仰に支《ささ》えられ今日《こんにち》も衰《おとろ》えることなく、年間《ねんかん》十万から十五万人に及《およ》んでいる。この霊場巡礼は「同行二人《どうぎょうににん》」とよばれる。それはお大師さまと自分の二人という意味だ。空海の伝記は約七百種と飛び抜けて多く、弘法大師伝説は全国にあり約五千といわれている。

また空海ほど並はずれた様々《さまざま》な才能に恵まれた人物はいなかった。仏教はもとより漢詩文《かんしぶん》、書《しょ》、美術・工芸、建築、治水《ちすい》・土木《どぼく》技術、教育、社会事業、医薬・

治病《ちびょう》等々万能《とうとうばんのう》の大天才であり、一人で数人前の仕事を行い、八面六臂《はちめんろっぴ》（一人で多くの才能を持っていること）のまさに超人《ちょうじん》的活躍をした国史上稀有《こくしじょうけう》の奇蹟《きせき》的な人物であったのである。生前《せいぜん》すでに神格化《しんかくか》され伝説化されていた。

「空海」の名は、二十代の時自《みずか》らつけたものである。空と海、限りなく高く大きく深い広大無辺《こうだいむへん》の世界である。「空」あるいは「空間」とは、何もない空《から》っぽな虚空《こくう》ではなく、一切《いっさい》の存在を生み出す創造《そうぞう》の本源《ほんげん》・根源《こんげん》である。「海」は「生み」でもある。空と海には無限の豊かな内容が含《ふく》まれている。この名をつけたところに、空海の精神・志向《しこう》がある。それは空海の人格・性格そのものを表現しており、最もふさわしい名のりであった。わが国古代において空海と比肩《ひけん》（比べること）し得《う》る人物は聖徳太子《しょうとくたいし》だけである。

大学中退――「不忠者・不孝者」の非難

空海は宝亀《ほうき》五年（七七四）六月十五日、讃岐国《さぬきのくに》多度《たど》郡《ぐん》屏風《びょうぶ》が浦《うら》（現善通寺《ぜんつうじ》市）に、

佐伯直田公《さえきのあたいたぎみ》の三男として生まれた。「直」とは古代の姓《かばね》の一つで、国造《くにのみやつこ》に与えられたものである。佐伯氏は由緒《ゆいしょ》(物事の由来《ゆらい》した端緒《たんしょ》)ある名族《めいぞく》で、大伴氏《おおともし》と同族《どうぞく》でその分《わか》れであり、代々《だいだい》讃岐国において国造をつとめた。名前は真魚《まお》。ひときわすぐれた子供だったので両親は真魚を「貴物《とうともの》」と呼び慈《いつく》しんだと伝えられている。

空海は少年時より他の子供とは異《こと》なり求道心《ぐどうしん》がひときわ強く、真《しん》の人間、真の自己《じこ》とは何かを切《せつ》に求める心が深かった。十五歳の時、伯父《おじ》(母の兄)で当時大学者であった阿刀大足《あとのおおたり》から懇切《こんせつ》(ねんごろで親切なこと)な教育を受けたことは幸いであった。天賦《てんぷ》(天から授かること)の頭脳に加えて並はずれた努力の人でもあった空海は、二十歳頃までに当時の学問である儒教《じゅきょう》・漢学《かんがく》その他のほとんどを学び尽《つ》くしたというのだから驚かされる。

十八歳の時、大学《だいがく》(朝廷《ちょうてい》の官吏養成機関《かんりようせいきかん》)に入学した。ここを卒業すれば朝廷における高位高官《こういこうかん》の道が開かれるから、佐伯家の人々や阿刀大足ら親族《しんぞく》は、大秀才の空海の将来に深く期待したのは当然である。ところが空海は一、二年で中退《ちゅうたい》してしまうのである。空海は大学に入学した頃すでに、「学業《がくぎょう》早く成りて、文筆《ぶんぴつ》の素養《そよう》（学問の基礎《きそ》）すでに備《そな》われり」（空海の言葉）という状態に達《たっ》しており、大学ではもう学ぶべきことがほとんどなかったのだ。それゆえ大学を終《お》えて立身出世《りっしんしゅっせ》をし、高位高官につくというごく当然の世間的欲望《せけんてきよくぼう》にどうしても満足できなかったのである。

両親や周囲の人々は空海がなぜ中退したのかよくわからない。期待に背《そむ》いた空海はまわりから「不忠者《ふちゅうもの》」「不孝者《ふこうもの》」との非難《ひなん》を浴《あ》びて悶《もだ》え苦しんだ。空海が大学を中退した一番大きな理由は、少年のころ早くも人間とは何かの真理探究《たんきゅう》の心に目覚《めざ》め、仏道修行《ぶつどうしゅぎょう》の志《こころざし》を強く抱《いだ》いていたからである。儒教・漢学の勉強にもの足りず、早くから専《もっぱ》ら仏典《ぶってん》（仏教の経典《きょうてん》）の読書を好んだのであり、その思いは大学入学後ますます強くなった。

この自《みずか》らの魂の欲求《よっきゅう》に忠実《ちゅうじつ》に生きたいという切実《せつじつ》な願いが、わが国第一の仏教者を生み出すきっかけであった。空海は真《しん》に高貴《こうき》（高く尊いこと）なる魂《たましい》の持主《もちぬし》であったのである。そうして仏道修行を貫《つらぬ》き通すことが、ひいては世《よ》の為《ため》、人の為、国の為に尽《つく》すことにつながり、それは日本人としての真《しん》の忠孝《ちゅうこう》の道に背くものではないと信じたのである。以後、不退転《ふたいてん》（退《しりぞ》くことがないこと）の覚悟《かくご》で仏道修行に突《つ》き進んだ。大学は空海には狭《せま》すぎたのである。大学という枠《わく》におさまるには空海は大きすぎた。空海は学校秀才ではなく、桁外《けたはず》れの大器《たいき》（大人物）だったのである。

山林における仏道修行――二十歳の神秘体験

大学入学後の十八歳ごろから三十一歳までの十数年間、空海の仏道《ぶつどう》（仏教）修《しゅ》行《ぎょう》は、言語《げんご》に絶《ぜっ》する刻苦勉励《こっくべんれい》であった。刻苦勉励といえば菅原道真《すがわらのみちざね》が思いうかぶが、空海のそれは道真を上回《うわまわ》るものがあった。仏典《ぶってん》の自学自習と山林《さんりん》における祈りの行《ぎょう》に全身全霊《ぜんしんぜんれい》を傾《かたむ》けて実践《じっせん》した。それは血のにじむ様なすさまじい修行であった。空海は四国、大和《やまと》、紀伊《きい》の山林を渡り歩き、自然の中での仏道修行に明け暮れるのである。空海ほど天地自然に親しみそれに抱《いだ》かれて修行に励んだ仏教者は稀《まれ》である。空海は天性《てんせい》の自然児《しぜんじ》でもあった。

大学中退後、ある人から「虚空蔵求聞持法《こくうぞうぐもんじのほう》」という祈りの行法《ぎょうほう》を伝授《でんじゅ》された。それは虚空蔵菩薩の真言《しんごん》とよばれる言葉を百万遍《べん》（一日一万遍で百日間行う）唱《とな》え続ける祈りである。これは当時、記憶力を増進《ぞうしん》させる秘法《ひほう》とされた。厖大《ぼうだい》な数の仏典を読み尽して忘れずに記憶することは、仏道修行者にとり必須不可欠《ひっすふかけつ》（なくてはならぬこと）とされたので空海は断然《だんぜん》、やり抜こうとしたのである。

空海はこの祈りを阿波国《あわのくに》の大瀧嶽《たいりょうのたけ》や土佐国《とさのくに》の室戸《むろと》の岬等《みさきなど》で真剣に実践《じっせん》したが、室戸岬において不思議な体験を得《う》るのである。ある日、この祈りの最中《さいちゅう》、太平洋の波の彼方《かなた》に輝いていた明《あけ》の明星《みょうじょう》が目の前に現われ、どんどん明るさを増して近づいて来《き》、すっぽり口の中に入《はい》るという実《じつ》に神秘的《しんぴてき》な体験をするのである。空海はこうのべている。

「阿国《あこく》（阿波）大瀧《たいりょう》の嶽《たけ》に躋《のぼ》り攀《よ》じ、土州《としゅう》（土佐）室戸《むろと》の崎《さき》に勤念《ごんねん》す（祈りをつとめる）。谷響《たにひび》きを惜《お》しまず、明星来影《みょうじょうらいえい》す（来《きた》って口中《こうちゅう》に入るという意味）」

このとき空海は、自分は自然と一体、仏《ほとけ》と一体という深い悟《さと》りを得《う》るのである。早くも空海はここに大悟《たいご》したのである。二十歳のころである。この神秘体験が弘法大師空海を誕生させる源《みなもと》である。ここから空海の仏道修行はいよいよ猛《もう》烈《れつ》を極《きわ》めた。いわゆる「証後《しょうご》の修行（悟った後《のち》の修行）」である。四国・大和・紀伊の山林を巡《めぐ》り祈り続けるとともに、あらゆる仏典《ぶってん》を貪《むさぼ》り読む日々が十年以上続くのである。大悟したことを仏典により確認《かくにん》しようとしたのである。そうしてやがて『大日経《だいにちきょう》』にめぐり合い、それが仏教最高の経典《きょうてん》であると確信《かくしん》するに至《いた》った（『大日経』については後述《こうじゅつ》）。

唐に渡る——恵果との運命的出会い

空海は少年時より人間とは何か、本当の自分とは何かについてのやみがたい熱《ねつ》烈《れつ》な求道心《ぐどうしん》に基《もと》づき、立身出世《りっしんしゅっせ》の道を振《ふ》り捨《す》ててひたすら仏道修行《ぶつどうしゅぎょう》に邁進《まいしん》（猛進《もうしん》すること）し、山野《さんや》をめぐり遂《つい》に神秘《しんぴ》体験を得《え》て二十歳にして悟《さと》りの境地《きょうち》に至《いた》った。そのあと至上《しじょう》（この上ない）の経典《きょうてん》『大日経』に出会《であ》った。

空海は『大日経』を熟読《じゅくどく》したが、その中に梵語《ぼんご》（サンスクリット語ともいう。インド古代の言語）がそのまま漢字をもって音訳《おんやく》（梵語の発音を似《に》た漢字に置《お》き換《か》えること）されている箇所《かしょ》があった。それは「真言《しんごん》（マントラ）」とか「陀羅尼《だらに》」と呼ばれる祈りの言葉だが、その意味は全《まった》く不明《ふめい》であり、当時日本では誰一人として理解する者はいなかったのである。この漢字化された梵語は唐《とう》に行かぬ限り理解できなかった。それゆえ空海は一大決心して三十一歳の時、唐に渡《わた》るのである。

そのころ唐では仏教の全盛期《ぜんせいき》であり、ことに「密教《みっきょう》」が栄えていた。密教とは「秘密仏教」の略語《りゃくご》である。別の言葉でいうと「隠れた真実をあらわす教え」である。密教は大乗仏教の最後に出現《しゅつげん》した宗派《しゅうは》で、七世紀ごろインドで成立《せいりつ》し、密教の高僧《こうそう》たちが唐にやってきてこれを広めた。その密教第一の経典《きょうてん》が『大日経』であった。『大日経』は漢文に翻訳《ほんやく》されたが、祈りの言葉だけは翻訳せずに、その発音によく似た漢字をあてはめた。だからこの祈りの言葉は漢字を見ても全《まった》く意味がわからないのである。

唐に伝えられた密教は大いに発展したが、シナ密教の確立者が恵果《けいか》という高僧である。恵果はシナ第一の仏僧《ぶっそう》として唐の歴代皇帝《れきだいこうてい》から厚い崇敬《すうけい》を受けた。そのころインドにおいて密教は衰退《すいたい》し、それまで密教の教祖《きょうそ》は六祖《ろくそ》までインド人だったが、第七祖《だいしちそ》はシナ人の恵果が受け継いでいた。

遣唐使《けんとうし》の一員として留学僧《るがくそう》に選ばれた空海は、まず都の長安《ちょうあん》でインド人僧侶《そうりょ》につき梵語《ぼんご》を学んだ。三ヵ月程《ほど》で十分習得《しゅうとく》した後《のち》、恵果《けいか》をたずね入門したのである。

その時、恵果は一目《ひとめ》見て歓喜《かんき》この上なく、空海がすでに立派に密教の悟《さと》りに達《たっ》していることを即座《そくざ》に見てとり、直《ただ》ちに自分の後継者《こうけいしゃ》にしたのだから全《まった》く驚嘆《きょうたん》すべきことであった。恵果には千人以上もの弟子《でし》がいたが後《あと》を継《つ》ぐべき弟子が一人もなく、突然《とつぜん》日本からやってきた空海を「密教第八祖《みっきょうだいはっそ》」に任《にん》じたのである。このとき六十歳の恵果はその年暮《くれ》に亡くなった。その夜、恵果は空海の夢枕《ゆめまくら》に現われて、「われ東国《とうごく》（日本）に生まれて、必ず（空海の）弟子とならん」と告《つ》げたという。まことにこれ以上にない千載一遇《せんざいいちぐう》というべき運命的・劇的《げきてき》な出会《であ》いであり別れであった。密教はその後インド、シナで滅び去りチベット等で細々《ほそぼそ》と生き続けたが、日本において花開き大発展するのである。

空海と恵果の邂逅《かいこう》(偶然に出会うこと)ほど不思議なものはない。当時、唐は世界的帝国として絢爛《けんらん》(きらびやかで美しいさま)たる文化が華開《はなひら》く一大文明国《いちだいぶんめいこく》であり、長安は人口百万を超える世界一の都市であった。シナの歴史において文明が最も栄えたのはこの時代であり儒教・道教《どうきょう》のほかに仏教が興隆《こうりゅう》、李白《りはく》・杜甫《とほ》・白楽天《はくらくてん》などの詩聖《しせい》が輩出《はいしゅつ》(すぐれた人物が次々にでること)し、虞世南《ぐせいなん》・欧陽詢《おうようじゅん》・褚遂良《ちょすいりょう》などの書聖《しょせい》が出たことはよく知られている。わが国は遣隋使《けんずいし》に引き続き遣唐使を度々《たびたび》派遣《はけん》してシナ文明の摂取《せっしゅ》(取りいれること)に努《つと》めた。現在とは異なり当時の唐は光り輝く文明国、先進国と見られた時代にあって、異国人《いこくじん》の空海が恵果の数多いシナ人弟子をさしおいて後継者《こうけいしゃ》として密教第八祖に選ばれたのだから本来《ほんらい》ならありえぬことで驚異《きょうい》の中の驚異であった。空海がいかにシナ人弟子中誰も太刀《たち》打《う》ち出来ない深い悟りを得《え》ていた比類《ひるい》なき仏僧《ぶっそう》であったかが思いやられるのである。

留学僧として当初《とうしょ》、空海は二十年間修行《しゅぎょう》することを朝廷《ちょうてい》から命ぜられていたが、わずか二年余りで帰国したのは、学ぶべきことがシナにはもうなかったからである。恩師《おんし》の恵果《けいか》は直《ただ》ちに帰国して密教を日本に伝えてほしいと遺言《ゆいごん》したのである。

高雄山寺における活躍——空海の名声、洛中洛外を圧す

わが国ではほとんど無名《むめい》の仏僧《ぶっそう》が唐《とう》に渡《わた》り、一躍《いちやく》(ひととびに)、密教《みっきょう》第八祖として帰国したのだから、朝廷《ちょうてい》は仰天《ぎょうてん》(たまげること)して空海の取り扱いに困惑《こんわく》(困《こま》りはてること)し苦慮《くりょ》した。留学僧としての二十年間の滞在期間《たいざいきかん》を勝手《かって》に二年間に短縮《たんしゅく》したのだから処罰《しょばつ》されるところだが、密教第八祖を厳《きび》しく罰《ばっ》するわけにはゆかなかった。シナ人をさしおいて密教第八祖になった空海をもし処罰でもするなら、日本人は宝物をどぶに捨てる愚《おろ》か者とシナ人に笑われよう。そこでしばらく太宰府《だざいふ》の観世音寺《かんぜおんじ》に留《とど》めおかれて約三年間、入京《にゅうきょう》を禁《きん》ぜられた。不当《ふとう》な扱いだが朝廷の中にも外にも空海の真価《しんか》を知る者は誰一人としていなかったので

ある。
しかし嵯峨天皇《さがてんのう》が即位《そくい》されてその三ヵ月後、ようやく空海は京都郊外《こうがい》西方の高《たか》雄山寺《おさんじ》に入《はい》って仏教活動をすることが許された。この時三十六歳である。今日でいえば五十代に相当《そうとう》しよう。もう決して若くはなかった。一日も早く仏教の真理を伝えたかった空海にとり、最初の十年ほどは思うにまかせぬ苦難、試練の時期であったのである。

高雄山寺での活動は十数年続いたが、以来《いらい》朝廷始め世間一般《せけんいっぱん》は、空海がいかに想像を絶する並はずれた偉大な仏教者であるかを思い知らされることになる。当時の仏教界第一人者は七つ年上の最澄《さいちょう》だったが、空海はやがて最澄とともに平安仏教界の双璧《そうへき》(二つの輝く玉)として並び立つのである。

なお高雄山寺は和気清麻呂《わけのきよまろ》が建立《こんりゅう》した氏寺《うじでら》(氏族が一族の繁栄を祈願する為に建てた寺)である。和気清麻呂もまた古代を代表する偉人の一人であり、皇位《こうい》を狙《ねら》った大逆《だいぎゃく》の僧《そう》、道鏡《どうきょう》の野望《やぼう》を打《う》ち砕《くだ》いた忠臣《ちゅうしん》(天皇に忠義《ちゅうぎ》を尽《つ》くした臣下《しんか》)であり、仏教を篤信《とくしん》しその興隆《こうりゅう》に努《つと》めた。息子の和気真綱《まつな》と仲世《なかよ》もすぐれた人物で、最澄と空海に支援《しえん》を惜《お》しまず、やがて高雄山寺《たかおさんじ》を空海に提供《ていきょう》した。以後、空海は高雄山寺を密教《みっきょう》の根本道場《こんぽんどうじょう》として縦横無尽《じゅうおうむじん》の大活躍をするのである。

空海が高雄山寺で行なった宗教活動の第一は弟子《でし》の育成《いくせい》である。この何より重要な仕事に精根《せいこん》を傾《かたむ》けたが、空海のあとを立派《りっぱ》に受け継ぐすぐれた弟子が次々に養成《ようせい》されていった。同時に人々に対して行なったのは、「灌頂《かんじょう》」という密教の儀《ぎ》式《しき》である。灌頂とは入門儀礼《にゅうもんぎれい》である。入門する時、そのあと修行《しゅぎょう》を一通《ひととお》り終《お》えた時、師たる空海が弟子に授ける厳粛《げんしゅく》な儀式である。

また空海は高雄山で国家鎮護《こっかちんご》の修法《しゅほう》(祈り)を実修《じっしゅう》した。聖徳太子《しょうとくたいし》以来《いらい》、仏教は人々の救済《きゅうさい》のみならず、国家を鎮護することを重要な目的としていた。仏教は小乗《しょうじょう》仏教と大乗《だいじょう》仏教に二分《にぶん》されるが、小乗仏教は個人の救済を主《しゅ》としたが、大乗仏教はそれのみならず社会全体、国家をも守護《しゅご》・救済の対象《たいしょう》とした。

さらに重要なことは、日本にもたらされた大乗仏教の最後の教えである密教《みっきょう》の教義《きょうぎ》につき、空海は『即身成仏義《そくしんじょうぶつぎ》』を始めとする数々の重要な著作《ちょさく》を晩年《ばんねん》まで書き続けた。

　この間《かん》、空海は嵯峨天皇《さがてんのう》に格別《かくべつ》の愛顧《あいこ》（目をかけ引き立てること）を受けた。天皇は空海を日本仏教第一の並びなき指導者として絶大《ぜつだい》な親愛と信頼を寄せられた。嵯峨天皇《さがてんのう》は平安朝初期《へいあんちょうしょき》の英邁《えいまい》（極《きわ》めてすぐれていること）な天子《てんし》であり、歴史・宗教・学問・文化全般《ぜんぱん》につき深い素養《そよう》（学問・芸術につき平素《へいそ》から養ったもの）があり、漢詩《かんし》を詠《よ》み、書道に秀《ひい》で空海・橘逸勢《たちばなのはやなり》とともに「三筆《さんぴつ》」と称《しょう》された。

　空海はまた最澄《さいちょう》とも親しい交《まじわ》りを続けた。比叡山《ひえいざん》に天台宗《てんだいしゅう》を開いた平安時代を代表するこの仏教者は後に「伝教大師《でんぎょうだいし》」とよばれた。遣唐使《けんとうし》の一員として渡唐した時、空海も一緒《いっしょ》だったが、知り会ったのは帰国後である。それまで全《まった》く無《む》名《めい》の空海とは比較にならぬ地位にあったが、空海が密教第八祖として一躍《いちやく》その名が高くなると進んで交《まじわ》りを求めて、空海の体得《たいとく》した密教につき教えを請《こ》い、七年間ほど交流《こうりゅう》が続いた。平安仏教を代表する両者の縁《えん》は浅からぬものがあった。仏教界における空海の存在は最澄を凌《しの》ぐものがあり、その名は洛中洛外《らくちゅうらくがい》（京都の内外《ないがい》）に響《ひび》き渡《わた》るのである。

高野山根本大塔（写真提供：公益社団法人和歌山県観光連盟）

高野山の開創
――日本仏教の第一人者として仰がれる

空海の盛名《せいめい》（名声）が不動《ふどう》となった四十三歳の時、空海は修行《しゅぎょう》の道場《どうじょう》建設の為、朝廷《ちょうてい》に高野山《こうやさん》の下賜《かし》を願い出た。空海のかねての願望《がんぼう》はかつて慣《な》れ親《した》しんだ山林修行《さんりんしゅぎょう》の地《ち》、高野山に密教修行の根《こん》本道場《ぽんどうじょう》を開設《かいせつ》することであった。空海はこうのべている。

「上《かみ》は国家の奉為《おんため》に、下《しも》は諸々《もろもろ》の修行《しゅぎょう》者《しゃ》の為に……修禅《しゅぜん》（禅とは心を集中し雑念《ざつねん》を去り真理《しんり》を求めること）の一院《いついん》を建立《こんりゅう》せん」

勅許《ちょっきょ》（天皇の許可《きょか》のみことのり）が下《くだ》され、高野山《こうやさん》の開創《かいそう》が着手《ちゃくしゅ》されたのが四十六歳の時である。高野山は紀伊国《きいのくに》の東北、大和国《やまとのくに》に近い人里離《ひとざとはな》れた海抜《かいばつ》八五〇メートルの深山幽谷《しんざんゆうこく》で、東西約六キロ、南北約二キロ半の平地《へいち》であり山々に囲まれていた。高野山からやや東北に進むと大和国の吉野《よしの》がある。これらの山中こそ十代から三十代にかけて空海が歩き回《まわ》った忘れもしない山林修行の魂《たましい》の故郷《ふるさと》であり、高野山こそ修行の寺院《じいん》として最もふさわしい理想の聖地《せいち》とかねてより思い定《さだ》めていたのである。わが国の仏教者には自然を愛し自然とともに生きた人が少なくない。道元《どうげん》や西行《さいぎょう》や良寛《りょうかん》がそうだが、その先駆《せんく》こそ空海であった。空海の心の奥底には日本人本来の自然崇拝《しぜんすうはい》、自然信仰という最も民族的な神道的《しんとうてき》心性感情《しんせいかんじょう》が誰よりも豊かに横たわっていたのである。ここに建てられたお寺が金剛峯寺《こんごうぶじ》であり、今日、高野山が世界遺産となっているのは周知《しゅうち》の通りである。

空海が高野山に腰をすえるのは四十六、七歳の頃からだが、いつもここにはおられず京都と高野山を往復《おうふく》する生活が晩年《ばんねん》まで続いた。最澄が亡くなってから

（空海四十九歳の時）は空海が文字通り仏教界の第一人者だから、朝廷《ちょうてい》始め周囲《しゅうい》は空海が京都をあけっぱなしにすることを許さず、何かにつけお呼びがかかるのである。仏教者として空海ほど上《かみ》は朝廷から下《しも》は庶民《しょみん》まで絶大《ぜつだい》な尊敬と信頼と期待を寄せられ、世《よ》のため人のため国のため数えきれぬ尊《とうと》い菩薩行《ぼさつぎょう》（人々を教化《きょうか》し救《きゅう》済《さい》するつとめ）に尽《つ》した人物はいなかったのである。

空海とその教えの感化《かんか》、影響《えいきょう》を受けた仏僧《ぶっそう》・日本人ははかり知れない。代表的人物をあげると西行《さいぎょう》（空海を仰慕《ぎゃうぼ》して高野山に入《はい》り三十年間生活した）、明恵《みょうえ》（鎌倉時代の名僧《めいそう》）、叡尊《えいそん》と忍性《にんしょう》（鎌倉時代、底辺《ていへん》の人々に対する救済活動《きゅうさいかつどう》に尽力《じんりょく》した高僧《こうそう》）、慈雲《じうん》（江戸時代の代表的高僧）、二宮尊徳《にのみやそんとく》（『日本の偉人物語1』参照）、南方熊楠《みなかたくまぐす》（明治―昭和期の世界一の粘菌《ねんきん》学者・博物学者）などである。

空海五十歳の時、嵯峨天皇《さがてんのう》は東寺《とうじ》を給預《きゅうよ》（預《あず》けられること）された。東寺は桓武《かんむ》天皇《てんのう》が平安京《へいあんきょう》を始められた時、平安京南面《なんめん》の正門《せいもん》・羅城門《らじょうもん》の東に建てられた寺《じ》院《いん》で王城鎮護《おうじょうちんご》を目的とした。嵯峨天皇の空海への信任《しんにん》はかくも深厚《しんこう》で特別なものがあった。こうして東寺は空海のもう一つの密教修行《みっきょうしゅぎょう》並びに鎮護国家の根本道場となり、「教王護国寺《きょうおうごこくじ》」とも呼ばれた。今日、平安初期の数々の貴重《きちょう》な文化《ぶんか》財《ざい》を残す東寺は、日本芸術の至宝《しほう》（この上ない宝《たから》）の一つとされている。

人々・社会を救い利する慈善事業

空海が当時の日本人そして後世《こうせい》の人々に「お大師《だいし》さま」と仰慕《ぎょうぼ》されたのは、人々を救済《きゅうさい》する数多くの公共的《こうきょうてき》な慈善事業《じぜんじぎょう》を行なったことが大きな要因《よういん》の一つである。空海は密教のむつかしい教えを弟子《でし》たちに伝えるだけではなく、広く庶民《しょみん》たちの為にも尽力《じんりょく》したのである。

その最《さい》たるものの一つが、讃岐国《さぬきのくに》（香川県）の満濃池《まんのういけ》の修築《しゅうちく》である。満濃池は百年以上も前に灌漑用《かんがいよう》に造られた溜池《ためいけ》だったが、それまで幾度《いくど》も決潰《けっかい》（くずれこわれること）しことに三年前の大決潰で地方一帯《いったい》は泥海《でいかい》と化《か》した。そこで朝廷《ちょうてい》は官吏《かんり》を派遣《はけん》して修築工事をさせたが容易《ようい》に完成しなかった。ここにおいて讃岐国司《さぬきこくし》は朝廷に、空海に工事監督《こうじかんとく》として来てもらう願書《がんしょ》を提出《ていしゅつ》したのである。その一節《いっせつ》。

満濃池（香川県・まんのう町　写真提供：満濃池土地改良区）

「（空海は）今《いま》、久《ひさ》しく旧土《きゅうど》（故郷である讃岐国）を離れて常に京都に住《じゅう》す。百姓《ひゃくせい》（空海を）恋い慕《した》うこと実《じつ》に父母《ふぼ》のごとし。もし師来《しきた》ると聞けば、郡内《ぐんない》の衆《しゅう》、履《くつ》（はきもの）を倒《さかしま》にして来《きた》り迎《むか》えざるはなし（喜び勇んで駆けつけるということ）。伏《ふ》して請《こ》う。別当《べっとう》に宛《あ》て（空海を工事監督にしてという意）その事《こと》を成《な》らしめたまえ」

空海がいかに讃岐の農民・庶民《しょみん》から「父母のごとく」敬愛《けいあい》され大きな期待を寄せられていたか明《あき》らかである。かくして空海はここに出向《でむ》き工事監督として一切《いっさい》を指導《しどう》、わずか三ヵ月余りでさしもの難工事《なんこうじ》を見事《みごと》やり遂《と》げるのである。

四十八歳の時である。なぜこれが可能であったか。それはまず空海に治水《ちすい》・土木《どぼく》事業《じぎょう》に関する基礎知識《きそちしき》があったからである。空海は全《まった》く万能《ばんのう》の天才だったのである。もう一つは空海を父母の如《ごと》く仰《あお》ぎ慕《した》って集まった多くの民衆の協力があったからである。

満濃池《まんのういけ》は周囲二〇キロの日本一の溜池《ためいけ》で、灌漑《かんがい》面積は三千五百町歩《ちょうぶ》、広大な田畑を潤《うるお》し以後千二百年間人々に恩恵《おんけい》をもたらし今日に至《いた》っている。

空海はこのような「済生利民《さいせいりみん》（人々を救済して利益を与えること）」の社会事業を実《じつ》に数多く実践《じっせん》したのである。それゆえ人々は空海を「生仏《いきぼとけ》」「生神様《いきがみさま》」と仰ぎ深く感謝してやまなかったのである。

空海の行《おこな》ったことの一つに降雨《こうう》の祈願《きがん》がある。ある年、日照《ひで》りが長らく続き農民始め人々は苦しんだ。そこで朝廷《ちょうてい》は空海に降雨の祈願を求めた。空海は皇居《こうきょ》の前にある神泉苑《しんせんえん》に祈願所を設《もう》けて数日間、祈禱《きとう》を続けた結果、猛然《もうぜん》と降雨が起こり日照りが解消《かいしょう》されて人々が救われた。空海にはこのようなものすごい霊力《れいりょく》・祈禱力《きとうりょく》があった。降雨の祈願はしばしば行なっている。人々は空海を超能力《ちょうのうりょく》の持主《もちぬし》としていよいよ崇拝《すうはい》（あがめうやまうこと）してやまなかった。

空海は五十五歳の時、東寺の隣りに綜藝種智院《しゅげいしゅちいん》を創設《そうせつ》した。これはわが国初の一般庶民《しょみん》の為の学校である。空海は一切《いっさい》の衆生《しゅじょう》（生きとし生けるもの、全存在）はすべて仏性《ぶっしょう》を有《ゆう》し、全《すべ》ての人間は平等であり、貴賤貧富《きせんひんぷ》に関係なく人間として尊《そん》貴《き》な存在であるとの人間観の持主であった。人間愛に燃える空海は身分《みぶん》低き庶民に学ぶ場を与えたいと願いこの学校を建てたのである。

いかなる貧しい人でも誰でも入学できた。学費は無料、在学中その生活費は保《ほ》障《しょう》されたから安心して学ぶことが出来た。学科は仏教・儒教・老荘《ろうそう》（老子《ろうし》や荘子《そうし》の教え）、歴史・文学・農学など、当時の全学問を網羅《もうら》した総合的教養《そうごうてききょうよう》を授けることを目的とした。種智《しゅち》とは一切《いっさい》の完全な智恵、あらゆる学芸《がくげい》を意味し、綜藝《しゅげい》とはそれらの学芸を綜《す》べる（統《す》べる）との意味である。綜藝種智院の教育の特徴《とくちょう》は、教育の機会均等《きかいきんとう》、立派な人間を養成《ようせい》する総合教育、並びに完全給費制《きゅうひせい》の三つである。教師も空海が選んだすぐれた人物があてられた。この時代、このような一般民衆の為の学校がつくられたことは、世界教育史上全《まった》く類例《るいれい》を見なかった。

初めに弘法大師《こうぼうだいし》伝説が全国に約五千もあるとのべたが、無論《むろん》これらの大半《たいはん》は後世《こうせい》の大師《だいし》信仰《しんこう》が生み出した虚構《きょこう》（事実でないこと）の創造物《そうぞうぶつ》だが、これほど無数《むすう》の伝説が生まれた背景《はいけい》にあるものは、空海の人々への限りない慈悲《じひ》の心と行為《こうい》が、当時の日本人の骨髄《こつずい》に浸《し》み渡《わた》っていたからである。空海ほど庶民《しょみん》に親しまれた仏僧《ぶっそう》はいない。空海は決して庶民から遠くかけ離れた人ではなく、民衆と少しも隔《へだ》たりのない豊かな庶民性を持つ、当時と後世《こうせい》の日本人に最も敬愛《けいあい》仰慕《ぎょうぼ》され今なお日本人の心に生き続ける国民的英雄でもあり、日本人が最も誇りとするに足《た》る代表的日本人の一人であったのである。

2、即身成仏——日本的仏教の樹立

大日如来と大日経

空海《くうかい》の仏教は密教《みっきょう》と言われたが、その教えはいかなるものであったか。密教第一の経典《きょうてん》は『大日経《だいにちきょう》』（第二が『金剛頂経《こんごうちょうきょう》』）であり、空海は二十代の時にこの経典と出会い、数多い仏典中《ぶってんちゅう》『大日経』が至上最高《しじょうさいこう》のものとの確信《かくしん》を得《え》たことは既述《きじゅつ》した。しかしこの経典にある梵語《ぼんご》（サンスクリット語）を音写《おんしゃ》し漢字化した大事《だいじ》な祈りの言葉の意味が全《まった》く不明《ふめい》だった為に、唐《とう》に渡《わた》りそれを理解《りかい》することが出来たのであった。

『大日経』では、人間・生物・山川草木等《さんせんそうもくとう》生きとし生けるもの、あらゆる存在の根源《こんげん》・本源《ほんげん》つまり宇宙《うちゅう》の大生命《だいせいめい》を認め、それを「大日如来《だいにちにょらい》」とよんだ。これが『大日経』の教義《きょうぎ》の根本《こんぽん》、核心《かくしん》である。全宇宙の一切《いっさい》の存在、天地自然の万物《ばんぶつ》は根源・本源の大生命により成り立っているという考え方に立っている。仏教ではそれを「仏《ほとけ》」「大日如来」あるいは「法身仏《ほっしんぶつ》」と呼んだ。神道的《しんとうてき》に言うならば「神《かみ》」である。キリスト教的に言《い》えば「創造主《そうぞうしゅ》」「絶対者《ぜったいしゃ》」である。「サムシング・グレイト（目には見えぬ何か偉大《いだい》なる存在）」と言った人もいる。世界の多くの宗教は名称・言葉は異《こと》なるが、宇宙の全存在の根源的・本源的大生命を認めている。「大日如来」はまた「大毘盧遮那仏《だいびるしゃなぶつ》」とも言う。それは奈良の東大寺大仏《とうだいじだいぶつ》の正式名称《めいしょう》でもある。「大日如来」「大毘盧遮那仏」の意味はこうだ。「大」は最上《さいじょう》、最勝《さいしょう》（最もすぐれている）、絶対の意。「日」「毘盧遮那」は、光明遍照《こうみょうへんじょう》（あらゆるところにあまねく光り輝《かがや》くこと）、日《ひ》・太陽を意味している。「如来《にょらい》」とは「如（真理・真如《しんにょ》）より来《き》た者」「真理に到達《とうたつ》した者」という意味で、「仏《ほとけ》」「仏陀《ぶっだ》」と同義《どうぎ》である。松長有慶《まつながゆうけい》氏（元高野山真言宗管長《こうやさんしんごんしゅうかんちょう》）は、「大日如来《だいにちにょらい》は太陽の持つ特性を絶対化した時空《じくう》の限定《げんてい》を超えた仏《ほとけ》」とのべている。

つまり「大日如来」とは、日本的に言うならば「天之御中主神《あまのみなかぬしのかみ》」「天照大御《あまてらすおおみ》神《かみ》」である。名称・言葉が異《こと》なるだけで異名同体《いみょうどうたい》である。中江藤樹《なかえとうじゅ》（『日本の偉人物語5』）のところでのべたように、存在の根源《こんげん》に対する名称は民族・地域により差異《さい》があるが、それに捉《とら》われては本質を見失うので注意しなければならない。真理は一つである。民族・地域において異《こと》なるものであるならばそれは真理とは言えない。空海は物事の本質を見極《みきわ》める誰よりもすぐれた天才的な直観力《ちょっかんりょく》・洞察力《どうさつりょく》（見通す力、見抜く力）・理解力を持っていたから、『大日経』こそ真理の中の真理をのべていることを正しく理解し得《え》たのである。

『大日経』の正式名称は『大毘盧遮那成仏神変加持経《だいびるしゃなじょうぶつしんぺんかじきょう》』である。「成仏《じょうぶつ》」とは、普通には人間が仏《ほとけ》になることだが本来の正しい意味は、人間は「仏《ほとけ》」そのもの、「大日如来」そのものということである。つまり人間即仏《そくほとけ》であり、人間の本質はすでに「成《な》れる仏《ほとけ》」である「大日如来」と同一《どういつ》・一体《いったい》であるという意味である。

「神変《しんぺん》」とはこうだ。空海は「測《はか》るべからざるを神《しん》といい、常《つね》に異《こと》なるを変《へん》と名づく」とのべ、「神変」とは大日如来の霊妙不可思議《れいみょうふかしぎ》なるはかりしれない無限《むげん》の偉大《いだい》なる慈悲《じひ》の働きとしている。松長有慶氏は神変とは、「仏《ほとけ》(大日如来)が現実を超越《ちょうえつ》した絶対の世界の覚《さと》りの根源から起こされる」こととのべている。

「加持《かじ》」とはこうだ。「加」とは「大悲《だいひ》(人々の苦しみを取り除《のぞ》くこと)に基《もと》づき大日如来から加えられる力」であり、「持」とは「大日如来からの力を受け止める衆生《しゅじょう》(人間)の信心《しんじん》(まことの心)」である。また空海は「加持」を「入我我入《にゅうががにゅう》」とも言っている。「入我」とは仏が人間に入《はい》ること。「我入」とは人間が仏に入ること。つまり人間と仏が一体になることである。

「神変加持」をまとめて言えば、大日如来の偉大なる神力《しんりょく》、霊妙不可思議な無限の慈悲の心とそれを受けとめる人間のまことの心が、一つに円《まど》かに融合《ゆうごう》(融《と》けて一つになること)し結《むす》び合《あ》っているという意味である。

「経」とは仏教の経典《きょうてん》だが、この場合、諸経典中、比べるものがないほどすぐれているお経という意味。

「大毘盧遮那成仏神変加持経《だいびるしゃなじょうぶつしんぺんかじきょう》」を簡潔《かんけつ》に訳して言えば、「大宇宙をあまねく照《て》らす大いなる仏《ほとけ》が偉大なる神力《しんりょく》と霊妙不可思議《れいみょうふかしぎ》なる無限の慈悲《じひ》の心をもって既《すで》に成仏《じょうぶつ》している人間と一つに結び合っていることを説き明かす経典中《きょうてんちゅう》の帝王《ていおう》」となる。この経典の名称に教えの内容のすべてが明示《めいじ》されているのである。『大毘盧遮那成仏神変加持経（大日経）』は日本的に言い換《か》えると、『大日輪経《だいにちりんきょう》』『太陽神霊経《たいようしんれいきょう》』『天照大御神経《あまてらすおおみかみきょう》』『天之御中主神経《あまのみなかぬしのかみきょう》』となろう。

「即身成仏」の教え――「一切の仏法はこの一句を出でず」

『大日経《だいにちきょう》』を最高の経典と仰《あお》ぐ空海が深い悟りを得て達《たっ》した究極《きゅうきょく》の真理が、「即《そく》身成仏《しんじょうぶつ》」の教えである。

「即身成仏」の意味は実《じつ》に深い。「即身」とは「すなわちこの身《み》」という意味。「成仏」とはすでに「成《な》れる仏《ほとけ》」という意味。つまり「即身成仏」とは、人間はその身《み》そのままで仏《ほとけ》である。これから修行《しゅぎょう》して仏になるのではなく、すでに成れる（成就《じょうじゅ》していること）仏であるということが人間の本質《ほんしつ》、本当の真実《しんじつ》の人間という意味である。

空海が少年時から追い求めた人間の本質・本体は何であったか。人間は本来《ほんらい》、宇宙の根源《こんげん》の大生命である大日如来《だいにちにょらい》そのもの、あるいはその分身《ぶんしん》であるということに尽《つ》きる。今ここに、わが身《み》に大日如来が生きている。自分は大日如来と同一・一体の生命であることが「即身成仏」の教え・真理である。

「即身」の即は「身《み》に即《そく》して」「現世《げんせ》のこの身《み》において」とか、「即時《そくじ》に」「すみやかに」の意味もあるがそれは第二義（中心的意味ではないこと）的で、第一義的な意味ではない。「即身成仏」の深く正しい意味は、あくまで大日如来と不二一体《ふじいったい》にして、他のあらゆる身《み》（人間その他の生きとし生けるもの）と結《むす》び合《あ》い融合《ゆうごう》している自己の身《み》ということである。つまり「身《み》」とは、我身《わがみ》・大日如来の身《み》（仏身《ぶっしん》）・衆生《しゅじょう》の身《み》（生きとし生けるものの身）の三身《さんしん》を意味している。自己の一身《いっしん》と大日如来の身《み》と他者《たしゃ》の身《み》（衆生の身）は別々ではなく一つであるというのが、「即身成仏」の指《さ》し示す深い真理である。

この「即身成仏《そくしんじょうぶつ》」の教えは空海しか言うことが出来なかった仏教究極《きゅうきょく》(はて、極《きわ》み)の教えであった。釈迦《しゃか》始めそれまでの仏教者誰一人として「即身成仏」の真義《しんぎ》を闡明《せんめい》(明らかにすること)した者はいなかったのである。そもそも「即身成仏」の言葉は仏教の経典《きょうてん》にはなかった。ただ一冊の仏教理論書にあるだけで、この言葉が秘《ひ》める重大《じゅうだい》な意義《いぎ》に気づき、ここに仏教の核心《かくしん》があることをここまで明確《めいかく》に力強く唱《とな》えた仏教者はインドにもシナにもわが国にもそれまではいなかったのである。この仏教根本の教えにつきのべたのが、空海の『即身成仏義《そくしんじょうぶつぎ》』であり、数ある著作中最も重要な主著《しゅちょ》である。わが国最高の文章家の一人でもある空海の著作はとても難しく理解に骨が折れるが、よく味読《みどく》(十分に味わって読むこと)してほしい。天性《てんせい》の詩人でもあった空海は「即身成仏」の真理を詩の形をもって説明している。空海は冗長《じょうちょう》(だらだらと長いこと)な文章を嫌い、ことに重要な教えを漢詩《かんし》をもって明らかにしたのである。

六大無礙常瑜伽　　六大《ろくだい》　無礙《むげ》にして常《つね》に瑜伽《ゆが》なり

四種曼荼各不離
三密加持速疾顕
重重帝網名即身
法然具足薩般若
心数心王過刹塵
各具五智無際智
円鏡力故実覚智

四種《ししゅ》の曼荼《まんだ》各《おのおの》離《はな》れず
三密加持《さんみつかじ》すれば速疾《そくしつ》に顕《あら》わる
重重帝網《じゅうじゅうたいもう》なるを即身《そくしん》と名《な》づく
法然《ほうねん》に薩般若《さはんにゃ》を具足《ぐそく》して
心数《しんじゅ》・心王刹塵《しんのうせつじん》に過《す》ぎたり
各五智《おのおのごち》・無際智《むさいち》を具《ぐ》す
円鏡力《えんきょうりき》の故《ゆえ》に実覚智《じっかくち》なり

最初は読んでみて何が何だかさっぱり分《わか》らないが、ここが最も肝腎要《かんじんかなめ》（一番大切なこと）なので辛抱《しんぼう》してほしい。まず言葉の意味から。

六大《ろくだい》＝従来《じゅうらい》の仏教では、世界は地・水・火・風・空《くう》という五つの物質的な要素《ようそ》と識《しき》という精神的な要素から成ると考えた。地・水・火・風・空・識という六つの要素の働きは最上《さいじょう》で最もすぐれているので「六大」といった。しかし空海は従来の考え方を取らず、もっと深い独自《どくじ》の見解《けんかい》を示した。つまり空海はこの六大をもって単に世界を構成する要素とは見ずに、「この宇宙世界は地・水・火・風・空という物質的な側面《そくめん》と識という精神的な側面、この両面により構成される総合《そうごう》体《たい》と見《み》なし、物・心は別個《べっこ》の存在ではなくもともと同体として存在する」と考えたのである。つまり六大とは、宇宙の全存在、生命の全体、生命の根源《こんげん》たる大日《だいにち》如来《にょらい》の表現そのものととらえたところに空海の洞察力《どうさつりょく》、理解力の深さがあった。

六大をこのように把握《はあく》したのは空海が最初である。

無礙《むげ》＝妨《さまた》げられることなく融《と》け合《あ》い一体となっていること。

瑜伽《ゆが》＝サンスクリット語のヨガの音訳《おんやく》（ヨガに発音の似《に》た漢字をあてている）。二つ（以上）のものを一つに結びつけること。

四種《ししゅ》の曼荼《まんだ》＝密教で説く四種類の曼荼羅《まんだら》（絵画的《かいがてき》表現により示された絶対者としての大日如来）。六大を別の言い方で表現したもの。「各離れず」とは、四種の曼荼羅すなわち六大が無礙にして瑜伽《ゆが》の状態であること。第一句を違う言い方でのべたもの。

三密《さんみつ》＝人間の身体《しんたい》・言語・精神（心・意識）の三つに秘められた霊妙不可思議《れいみょうふかしぎ》な絶《ぜつ》大《だい》な秘密的な力・働き。

加持《かじ》＝大日如来の大悲大慈《だいひだいじ》の働きと、人間の大日如来を深く信仰《しんこう》する信心《しんじん》（まことの心）。大日如来の大いなる慈悲の加護《かご》と人間の信心が感受感応《かんじゅかんのう》し合《あ》い両者《りょうしゃ》が一体になり結び合うとき、即身《そくしん》（即《すなわ》ちこの身《み》このまま）に成仏《じょうぶつ》し、そこに素晴らしい救いが速《すみ》やかに（速疾《そくしつ》に）顕《あら》われるとの意味。

重重帝網《じゅうじゅうたいもう》＝幾重《いくえ》にも重なり合い縦横《じゅうおう》に張りめぐらされている宮殿の網《あみ》のことで、その網の目の一つ一つに結びつけられている無数の宝珠《ほうじゅ》（仏の命の表現である生きとし生けるもののこと）が互いに他を照《て》らし合っている無尽《むじん》（尽きないこと）の関係性を言う。つまり「重重帝網なるを即身と名づく」とは、大日如来と人間そして一切《いっさい》の存在・我々の世界の全てが一体であり結び合い、「加持」の状態になっているという意味である。

空海は最初の四句を「即身頌《そくしんしょう》（即身をほめたたえる言葉）」とのべている。結局、第一句（六大無礙《ろくだいむげ》にして常《つね》に瑜伽《ゆが》なり）に全《すべ》てがある。人間を含め宇宙の全存在は大日如来の生命の顕現《けんげん》であり、全てが一つに結合し融合《ゆうごう》し「重重帝網」の状態を呈《てい》している。空海はこれを「即身」と名づけたのである。

次の四句。空海はこれを「成仏頌《じょうぶつしょう》（成仏をほめたたえる言葉）」とよんでいる。

法然《ほうねん》＝自然のありようそのままにの意。この世界に存在するものは、すべてそのあるがままに存在している。つまり大日如来《だいにちにょらい》の生命の表現ということ。

薩般若《さはんにゃ》＝あらゆるものを知る智（一切智智《いっさいちち》ともいう）。仏《ほとけ》・大日如来の絶対智。

具足《ぐそく》＝備えること。

心数《しんじゅ》・**心王**《しんのう》＝心数は心の作用《さよう》。心王は心の本体。仏心《ぶっしん》・仏性《ぶっしょう》。

刹塵《せつじん》＝数が多いこと。

五智《ごち》＝大日如来の具《そな》えている一切智智。

無際智《むさいち》＝限りなく高く広大深遠《こうだいしんえん》な無数《むすう》の智恵。五智を言い換《か》えたもの。

円鏡力《えんきょうりょく》＝完全な鏡《かがみ》のように全《すべ》てを映《うつ》し出す力。仏の智恵が万物をありのままに映《うつ》し出し自在《じざい》に活動することをいう。
実覚智《じっかくち》＝あるがままに覚《さと》る智。真実を覚り成仏に至る智恵。

「成仏頌《じょうぶつしょう》」の意味は次の通り。この世界のあらゆる存在はおのずから全《すべ》てを知る智を具《そな》えている。全ての人間には仏《ほとけ》の心そのもの(心王)と心の作用(心数)がそなわっている。心そのものと心の作用には五種の智恵と際限《さいげん》のない智恵をもって、円《まど》かな鏡《かがみ》のように全《すべ》てを映《うつ》し出すから、人間は真実を悟《さと》ったものとなる。つまりこの「成仏頌」の四句は、大日如来の分身《ぶんしん》たる人間の本来《ほんらい》そなえている素晴らしい本性《ほんせい》・本質《ほんしつ》と、この身《み》このままで成仏している人間を讃《たた》えた言葉である。

仏教の経典《きょうてん》は数多く種々様々《しゅじゅさまざま》な言葉を用《もち》いて説かれているが、結局は一つの真理を語っているのである。それは儒教《じゅきょう》においても同様で、中江藤樹《なかえとうじゅ》のところにおいてのべた。空海は「即身頌《そくしんしょう》」と「成仏頌」の八句において言葉を縦横《じゅうおう》に駆使《くし》(使いこなすこと)して「即身成仏《そくしんじょうぶつ》」の真理を語ったのである。そうして空海はこのあと次のようにのべた。

「この二頌《にしょう》八句《はっく》を以《もっ》て即身成仏の四字を歎《たん》ず（讃歎《さんたん》すること）。この四字に無辺《むへん》（無限）の義《ぎ》（深い意義・真義《しんぎ》）を含《がん》ぜり（含んでいる）。一切《いっさい》の仏法《ぶっぽう》はこの一句《いっく》を出《い》でず。かかるがゆえに、略《りゃく》して（簡潔《かんけつ》に）両頌《りょうしょう》を樹《た》てて無辺《むへん》の徳《とく》（大日如来の限りない徳）を顕《あらわ》す」

空海の仏教、思想の根本《こんぽん》・核心《かくしん》はこの「即身成仏《そくしんじょうぶつ》」の四字にある。仏教の経《きょう》典《てん》は厖大《ぼうだい》でしかも難解《なんかい》（とてもむつかしいこと）であり一般の人々には近寄《ちかよ》り難《がた》い。しかし空海は、「一切の仏法はこの一句——即身成仏——を出《い》でず」ときっぱり言い切ったのである。実《じつ》にとてつもないものすごい空海の言葉であった。それはこれまで釈迦《しゃか》始めインド・シナ・日本のいかなる仏教者も言い得《え》なかった大宣言であった。空海はここにインドともシナとも異《こと》なる独自《どくじ》の日本仏教を樹立《じゅりつ》し確立《かくりつ》したのである。空海がわが国仏教の祖師達《そしたち》（最澄《さいちょう》・法然《ほうねん》・親鸞《しんらん》・道元《どうげん》・日蓮《にちれん》ら）の上にそびえ立つ所以《ゆえん》はここにある。

なお「即身成仏」の正反対にあるのが「三劫成仏《さんごうじょうぶつ》」である。三劫成仏とは、人間が仏になることができるのは気の遠くなるような長年月間、修行《しゅぎょう》を積《つ》み重《かさ》ねなければならないという従来《じゅうらい》の仏教思想である。「劫《ごう》」というのは梵語《ぼんご》（サンスクリット語）で、無限ともいうべき最も長い時間の単位《たんい》。「三劫成仏」の思想に立つなら普通の人間は永遠に成仏できない。空海は仏教在来の誤れる基本概念《がいねん》を断《だん》然《ぜん》打ち破り仏教を革正《かくせい》（正しく改めること）し、日本仏教の方向性《ほうこうせい》を定《さだ》めた第一人者であったのである。空海のあと法然・親鸞・道元・明恵《みょうえ》・西行《さいぎょう》・慈雲《じうん》・良寛《りょうかん》など極めて日本的な色あいを濃厚《のうこう》に持つ傑出《けっしゅつ》した仏教者が数多く出現《しゅつげん》したのは、偏《ひとえ》に日本仏教の確立者たる空海の存在が決定的に重く大きかったからにほかならない。

「三密加持」――人間にとり祈りは不可欠

本当の仏教の真髄《しんずい》・精髄《せいずい》、すなわち空海の密教《みっきょう》の教えの根本は「即身成仏」であることをのべたが、「即身成仏」の為に必須不可欠《ひっすふかけつ》とされるのが「三密加持《さんみつかじ》」と呼ばれる祈りである。祈りをともなわない宗教はない。「即身頌《しょう》」の第三句に

「三密加持すれば速疾《そくしつ》に顕《あら》わる」とあるが、これにつきもう少し詳《くわ》しく説明する必要がある。

既述《きじゅつ》した通り、人間はみな大宇宙の根源《こんげん》たる大日如来《だいにちにょらい》（法身仏《ほっしんぶつ》ともいう）の生命の表現・分身《ぶんしん》であるが、その本質を自覚《じかく》して「即身成仏《そくしんじょうぶつ》」を成就《じょうじゅ》する為には、祈《いの》り（思念《しねん》・観《かん》）が不可欠《ふかけつ》（なくてはならないこと）であると空海は言う。空海の仏教ではそれが「三密《さんみつ》（身密《しんみつ》・口密《くみつ》・意密《いみつ》）」一体の祈りであり、これを「三密加持《さんみつかじ》」と言っている。空海の教えの中で「即身成仏」に次ぐ重要な言葉である。人間の生活を支《ささ》えるのは、身体《しんたい》と言葉《ことば》と心《こころ》（意識《いしき》・精神《せいしん》）の三つである。身《しん》・口《く》・意《い》とも言う。空海の仏教・密教《みっきょう》における祈りはこの身体・言語・心の三つを十分に働かせて行なわれる。自身《じしん》が大日如来《だいにちにょらい》と一体となる祈りにおいて、身体・言語・心の三つが目には見えないはかりしれぬ霊妙不可思議《れいみょうふかしぎ》、神秘《しんぴ》な働きをするから「三密」と言ったのである。

この三密の祈りは、身《み》に如来《にょらい》の姿を行《ぎょう》じ（心をととのえ背筋《せすじ》を立てて静座《せいざ》し、手を合わせたり、両手の指を様々《さまざま》な形に結ぶ種々《しゅじゅ》の仕方《しかた》がある）、口に真言《しんごん》を唱《とな》え（大日如来を仰《あお》ぎ、その偉大な力と働きを讃嘆《さんたん》する言葉を繰返《くりかえ》し唱えること）、心に大日如来を念《ねん》じて、大日如来の慈悲《じひ》（これを「加《か》（加護《かご》）」という）と、人間の大日如来を堅《かた》く信ずる心（これを「持《じ》」という）が一つに融《と》け合《あ》い結《むす》び合《あ》い、この身このまま大日如来と自分が一体になる祈りである。人間が大日如来（あるいは神）から与えられた宝珠《ほうじゅ》（宝玉《ほうぎょく》）である「身体と言語と心」の三つの霊妙・神秘なる働きをこの上なく高めることにより絶対者である大日如来と合一《ごういつ》し一体となることが「三密加持」である。空海はこれを「入我我入《にゅうががにゅう》（大日如来が自分の中に入《はい》り、自分が大日如来の中に入り両者が一体化すること）」と言っている。空海の祈りにおいて最も重んじられることが、人間自身の身体と心と言語の三つであり、この三つは、驚くべき神秘・霊妙な不可思議な力を宿していることを空海は力説《りきせつ》してやまなかった。空海の仏教・密教の教義《きょうぎ》を簡潔《かんけつ》にいうとこうなる。

「自分の内《うち》に宿《やど》る本性《ほんせい》であり、この身このままに生きている大日如来（即身成仏）を、三密の祈り（三密加持）により自覚《じかく》すること」

言葉の本質――『声字実相義』

『即身成仏義《そくしんじょうぶつぎ》』に次《つ》ぐもう一つの重要著作が『声字実相義《しょうじじっそうぎ》』である。この書も大切なところを詩で表現している。声字とは、響《ひび》き（振動《しんどう》・波動《はどう》）・音《おと》（音声《おんせい》）・言《こと》葉《ば》・文字《もじ》のことである。

五大皆有響　　五大《ごだい》に皆響《みなひび》きあり
十界具言語　　十界《じっかい》は具《つぶさ》には言語《げんご》なり（「十界は言語を具《ぐ》す」とも訓《よ》む）
六塵悉文字　　六塵《ろくじん》悉《ことごと》く文字《もんじ》なり
法身是実相　　法身《ほっしん》は是《こ》れ実相《じっそう》なり

五大《ごだい》＝あらゆる宇宙的な存在の中で、地・水・火・風・空が象徴《しょうちょう》する五種類の物質的側面《そくめん》。大日如来《だいにちにょらい》の表現である宇宙の万物・全存在を意味している。

十界《じっかい》＝地獄《じごく》・餓鬼《がき》・畜生《ちくしょう》・阿修羅《あしゅら》・人間《にんげん》・天《てん》・声聞《しょうもん》・縁覚《えんがく》・菩薩《ぼさつ》・仏《ほとけ》の十種の心の境地《きょうち》。人間の様々な生《せい》の有《あ》り様《よう》をあらわす。人間はその生き方・心の持ち方により地獄に落ちて生きたり、菩薩や仏にも成ることができるという仏教の考え方。もう一つの意味はすべての生物・存在。

具《つぶさ》＝全部そなわっていること。

六塵《ろくじん》＝色塵《しきじん》・声塵《しょうじん》・香塵《こうじん》・味塵《みじん》・触塵《しょくじん》・法塵《ほうじん》の六つの認識《にんしき》の対象《たいしょう》。**色塵**＝物質・見えるもの。**声塵**＝音声・耳に聞こえるもの。**香塵**＝香《かお》り・嗅《か》ぐもの。**味塵**＝味・味わうもの。**触塵**＝触れられるもの。**法塵**＝もろもろの存在。**塵**＝数限りない多くの一切《いっさい》の対象。

法身《ほっしん》＝法身仏《ほっしんぶつ》・大日如来《だいにちにょらい》。

実相《じっそう》＝宇宙の真実の姿。

この詩の意味はこうである。地・水・火・風・空の五大、つまり宇宙の万物にはみな響きがある（あるいは響きを発している）。十界つまりあらゆる生き物、存在にはすべて言葉《ことば》が備わるが、それは皆音《おと》（音声《おんせい》）から起こる。六塵は悉く文字《もじ》（言葉）である。法身《ほっしん》・大日如来《だいにちにょらい》は宇宙の真実の姿である。

深く説明するとこうなる。宇宙の全存在、天地自然の万物はことごとく響きがあり音（音声）を発しており、言葉《ことば》・文字を有し、全《すべ》てが音（音声）・言葉・文字により成り立っていると空海は言うのである。「六塵は悉く文字」とは、人間は目・耳・鼻・舌・身などの感覚器官により六塵（対象物）から何かを伝えられているわけだから、六塵はいわば文字の役割を果していることになる（例えば「顔に書いてある」「目がものをいう」などの表現。表情が文字の役割を果している）。宇宙の真実の姿を示す大日如来《だいにちにょらい》の本質は、響《ひび》き・音（音声）・言葉・文字であり、宇宙に遍《へん》満《まん》（あまねく満つること）する音響《おんきょう》・言葉は大日如来そのものであり、法身《ほっしん》すなわち法身仏《ほっしんぶつ》・大日如来こそが「実相《じっそう》」つまり宇宙の真実の姿だと空海はのべているのである。

響き・音（音声）・言葉とは言い換《か》えると、「振動《しんどう》・波動《はどう》」である。宇宙全体・全存在は常に鳴り響いており、音（音声）・言葉を発している。つまり宇宙の万物はことごとく振動しており、波動で成り立っている。すなわち宇宙とその全存在は波動・音（音霊《おとだま》ともいう）そのものということである。『声字実相義《しょうじじっそうぎ》』を一言《ひとこと》をもってすれば、全《すべ》ては音《おと》であり、「存在はコトバなり」ということに尽《つ》きる。この重大なことを明らかにしたのが現在の科学である。物理学者の天野仁氏は、「宇宙万物は波動からなる」「〝宇宙万物は素粒子《そりゅうし》からできている〟ということは、そのまま〝宇宙の基本は波動である〟と言い換《か》えても同じこと」「すべては波動だ」とのべている。同じく吉田伸夫氏は「あらゆる物理現象の根底《こんてい》には波動が存在する」「この波動によって世界は安定と秩序を獲得する」「光や電子は波《なみ》（動《どう》）」と言い切っている。つまり宇宙万物の本質は波動であり、そこには振動があり、響き・音（音声）があるということである。今日最先端の物理学（量子力学《りょうしりきがく》・量子物理学とよばれる）の真理を、空海は千二百年前にすでに看破《かんぱ》（見抜《ぬ》くこと）していたのだからとてつもないことである。

空海はこれを「五大に皆響き（波動・振動・音声・言語・文字）あり」（あるいは「五大は皆響きなり」と訓《よ》んでもよい）と、宇宙の根本原理をただ一言で簡潔《かんけつ》に説き明かしたのである。その直観《ちょっかん》と洞察力《どうさつりょく》（見抜く力）の深さ、鋭さに唯々《ただただ》驚嘆《きょうたん》させられるるばかりである。

音《おと》（音声《おんせい》）・言葉《ことば》こそ大日如来《だいにちにょらい》とその顕現である宇宙と全存在の本質《ほんしつ》、実《まこと》の相《すがた》であり、人間にとり最も重大なものであることを深く理解していた日本仏教の最高の叡智《えいち》こそ空海であった。

「山川草木国土悉皆成仏」――空海の神道的心性感情

空海の教えの根本につきもう一つつけ加えなければならないことは、「山川草《さんせんそう》木悉皆成仏《もくしっかいじょうぶつ》」あるいは「山川草木国土《こくど》悉皆成仏」の考え、思想である。この思想はインドになくシナにもほとんどなく、日本仏教独自《どくじ》のものである。

「山川草木国土悉皆成仏《さんせんそうもくこくどしっかいじょうぶつ》」とは、国土の自然の存在すべてがみな仏《ほとけ》の成《な》れるもの、仏の命そのものという意味である。この思想の根源《こんげん》にあるものこそ、わが国古来《こらい》の自然崇拝《すうはい》、自然信仰に立つ神道《しんとう》にほかならず、それは縄文《じょうもん》時代にまでさかのぼる日本人の根本信仰である。自然への畏敬《いけい》と感謝の念《ねん》こそ、神道を中核《ちゅうかく》とする日本人の宗教心の根底《こんてい》にある心性感情《しんせいかんじょう》であり、それは今後も永遠に変ることのない「日本人の心」である。

日本人ほど人間と自然との一体・融合《ゆうごう》の心を持ち自然に対する共感《きょうかん》の心性感情を抱《いだ》き続け、そこから素晴らしい文化芸術と生き方を生み出してきた民族はほかにない。万葉集《まんようしゅう》や古今《こきん》和歌集の主題《しゅだい》の一つは、人間と自然との共感、一体の感情を美しくうたいあげることであった。古今集以後の和歌集は、春・夏・秋・冬という部立《ぶだて》が踏襲《とうしゅう》(受け継ぐこと)された。

このような日本人の自然崇拝・自然信仰があればこそ、山川草木国土、自然万物がみな仏の命の顕現《けんげん》という思想を導いたのはごく当然の成行《なりゆき》でもあった。空海ほど少年時から自然に没入《ぼつにゅう》して山林修行《さんりんしゅぎょう》に励んだ仏教者はいなかった。自然の山野《さんや》と一体化し自然という母の懐《ふところ》に抱《いだ》かれて生涯を送った仏教者の代表こそ空海であった。結局《けっきょく》、わが国の自然風土《ふうど》とともにある神道が仏教を日本化したのである。空海は最も日本的な魂の持ち主であったから、日本的仏教を樹立しえたのである。「山川草木国土悉皆成仏《じょうぶつ》」の思想はやがて日本仏教全体の核心的教説《かくしんてききょうせつ》の一つになるが、これを説いた草分《くさわけ》が空海であった。『即身成仏義』はまた「山川草木国土悉皆成仏」を説き明かしたものであると言えよう。

なお空海の教えの感化《かんか》を受けた二宮尊徳《にのみやそんとく》は、「山川草木国土悉皆成神《じょうしん》」と言い換《か》えている。「仏のいのち」も「神のいのち」も同じだからである。

密教と顕教

ここで密教《みっきょう》とこれに相対《あいたい》する顕教《けんぎょう》についてのべよう。空海は全仏教を二分し、宇宙の根源生命である大日如来《だいにちにょらい》(法身仏《ほっしんぶつ》)が説いた教え(それが『大日経《だいにちきょう》』とされている。大日如来の説法《せっぽう》を「法身説法《ほっしんせっぽう》」と言った)を「密教《みっきょう》」とし、大日如来の応化身《おうげしん》(仏が衆生《しゅじょう》〈生きとし生けるもの〉を救済《きゅうさい》するために人間の姿となって現われたもの)たる釈迦《しゃか》が説いた教えを「顕教《けんぎょう》」として、密教を最高位においた。つまり顕教とは密教出現(七世紀)以前の仏教であり、分《わか》り易《やす》い教えであるとした。それが「顕」の意味である。

一方、密教は説かれた表面だけでは知りえない大日如来の説く秘められた最高の教えであるとした。密教とは人間の目には見えない秘密の本来の世界(実相《じっそう》)を開示《かいじ》する教えであり、真言《しんごん》を唱《とな》えることを祈りの中核《ちゅうかく》にすえる教えである。

空海にとり自身《じしん》の悟りにより達《たっ》し得《え》た本当の仏教はただ一つであった。天台《てんだい》宗《しゅう》・浄土宗《じょうどしゅう》・浄土真宗《じょうどしんしゅう》・禅宗《ぜんしゅう》・日蓮宗《にちれんしゅう》など宗派《しゅうは》は多いが、それらは言わば入口の違《ちが》いであり説き方の相違《そうい》であり、奥堂《おうどう》に至《いた》れば真理は一つ、仏教はただ一つと空海は信じた。山に登るとき登山口は色々あるが頂上《ちょうじょう》は一つである。仏教も同様である。空海には宗派的な対立心、狭《せま》い宗派根性《こんじょう》は少しもなかった。空海は密教をもってこれまでの仏教が到達《とうたつ》した最上位の教えとしたが、他の経典《きょうてん》に基《もと》づく諸宗《しょしゅう》を決して侮蔑《ぶべつ》(あなどり軽んじること)したり排斥《はいせき》したりはしなかった。みな釈迦《しゃか》の説いた教えに基づいたものであったからである。釈迦に対する空海の尊崇《そんすう》の念《ねん》も絶対的であった。

空海は人間離れをした超人《ちょうじん》、大天才であったから、一般庶民とかけ離れた雲の上の存在と思われたかというと決してそうではない。その人柄は極めて温厚円満《おんこうえんまん》で、人々に対して慈悲《じひ》深く情愛《じょうあい》に溢《あふ》れたまさに名のり通りの限りない包容力《ほうようりょく》の持主であり、この上ない人格者であった。また明朗《めいろう》そのもので親しみやすく、とかく仏教者にありがちな現世否定的《げんせひていてき》な暗さは微塵《みじん》もなかった。そもそも空海の仏教は大日如来を仰《あお》ぐ「即身成仏《そくしんじょうぶつ》」の教えだから暗さなどあろうはずはなく、現世を大肯定《だいこうてい》し讃嘆《さんたん》する光明《こうみょう》そのものの思想であり宗教である。空海は太陽のごとく光り輝く人間だったので、上は天皇から下は庶民まで生前も死後も宗派を超えて万人に親愛され慕《した》われ仰《あお》がれたのである。このような仏教者は空海ただ一人である。日本になぜ仏教が定着《ていちゃく》し日本人の宗教になりえたのか。発祥地《はっしょうち》のインドに既《すで》になくあれほど栄えたシナではほとんど消滅《しょうめつ》したことを考える時、空海が存在したことの意義は計《はか》り知れないほど大きい。空海の偉大さは結局《けっきょく》、仏教を日本の精神風土《ふうど》に合うように融合《ゆうごう》、同化《どうか》し造《つく》りかえて日本的仏教を打《う》ち樹《た》てたことにある。それは儒教《じゅきょう》において中江藤樹《なかえとうじゅ》が果《はた》した役割《やくわり》と同様《どうよう》であった。

3、空海の言葉
――現代人の心に響く珠玉の名言・名詩

わが国仏教の祖師《そし》たちの中で、空海ほど著述《ちょじゅつ》が多くその仏教思想が高く深く卓越《たくえつ》(はるかにすぐれていること)しており、珠玉《しゅぎょく》(尊く美しいこと)の名文章、名詩を残した者は稀有《けう》である。空海の文章は何より品位《ひんい》があり格調高《かくちょうたか》く深遠《しんえん》で論旨《ろんし》が明瞭《めいりょう》でかつ美しく、読む者の心を深く打ち魂を揺《ゆ》さぶってやまない。『即身《そくしん》成仏義《じょうぶつぎ》』や『声字実相義《しょうじじっそうぎ》』はその最《さい》たるものだが、その他の著作《ちょさく》にある心に沁《し》みいる名文《めいぶん》・名言《めいげん》並びに代表的漢詩《かんし》を掲《かか》げよう。まず名文・名言から。

近くして見難《みがた》きは我が心《こころ》、細《さい》にして空《くう》に遍《あまね》きは我が仏《ほとけ》なり。我が仏、思議《しぎ》し難《がた》し、我が心、広《こう》にしてまた大《だい》なり。

細＝微細《びさい》。極めて小さいこと。　**空**＝宇宙。　**思議**＝思い考えること。

この世で最も知り難いものは結局《けっきょく》、自分自身であり、自分の心であり、人間の本性《ほんせい》・本心《ほんしん》である。また極めて小さいけれども虚空《こくう》全体に遍満《へんまん》しているのは我が心にいます仏《ほとけ》である。本来《ほんらい》、仏《ほとけ》(法身仏《ほっしんぶつ》・大日如来《だいにちにょらい》)であり、「即身成仏《そくしんじょうぶつ》」している人間の心がいかに広大《こうだい》であるか自覚《じかく》せよと空海は力説《りきせつ》している。

奇哉《きさい》の奇《き》、絶中《ぜっちゅう》の絶《ぜつ》なるは、それただ自心《じしん》の仏《ほとけ》か。

奇＝不思議。　**哉**＝讃嘆《さんたん》の意。　**絶**＝絶対。

不思議の中の不思議、想像を絶する絶対の中の絶対の最《さい》たるものこそ、自分の心の中にいます仏《ほとけ》・法身仏・大日如来である。ある仏教者は「仏様を拝《おが》むということの究極《きゅうきょく》の意味は、自心仏《じしんぶつ》(自身仏《じしんぶつ》)を拝むということである」とのべている。

それ仏法《ぶっぽう》、遙《はる》かにあらず、心中《しんちゅう》にしてすなわち近し。真如《しんにょ》、外《ほか》にあらず、身《み》を棄《す》てていずくにか求《もと》めん。

真如＝法身仏・大日如来。

仏法つまり人間の本質を説く仏《ほとけ》の教えは、遙《はる》か彼方《かなた》にあるのではなく、我々自身の心の中にある。真如は我々の外にあるのではなくわが内にある。自分自身、人間そのものが仏・大日如来《だいにちにょらい》であること。人間の身体《しんたい》こそ仏のいのちそのもの(日本的にいうと、神のいのちそのもの)であることを深く自覚すべしとのべている。「身《み》を棄《す》てていずくに求めん」の一語、心を貫《つらぬ》く金言《きんげん》である。

ああ、自宝《じほう》を知らず、狂迷《きょうめい》を覚《かく》といえり。愚《ぐ》にあらずして何《なん》ぞ。

自宝＝自分の中にある宝。　**狂迷**＝狂い迷っている人々。　**覚**＝さとること。

迷い狂っている人々は、自らの内にある宝を発見できない。この世の最大の尊い宝こそ自身の中にある仏《ほとけ》・大日如来《だいにちにょらい》だが、そのこの上ない宝物に多くの人々がなかなか気づかない愚《おろ》かさを空海は嘆いたのである。

自心《じしん》を知るは仏心《ぶっしん》を知るなり。仏心を知るは衆生《しゅじょう》の心を知るなり。三心平等《さんしんびょうどう》なりと知るは大覚《たいかく》と名づく。

衆生＝生きとし生けるもの。　**三心**＝自心・仏心・衆生の心《こころ》。　**平等**＝一体・ひとつ。

大覚＝仏の悟りをうること。

自分の心と仏の心と衆生の心は一体・同一であることを知ることが仏の悟《さと》りを

得た人である。既述《きじゅつ》した通り、「即身成仏《そくしんじょうぶつ》」の「身《しん》」とは、自身《じしん》・仏身《ぶっしん》・衆生《しゅじょう》身《しん》の三身《さんしん》であり、三身の心（自心・仏心・衆生心）は一体であり結び合い融合《ゆうごう》していることが「即身成仏」である。

仏心即《ぶっしんすなわ》ち我が心。我が身《み》、仏身《ぶっしん》を離れずと知らず。空《むな》しく宝珠《ほうじゅ》を懐《いだ》いて貧《ひん》里《り》に跉跰《りょうびょう》し、徒《いたず》らに醍醐《だいご》を韞《つつ》んで常《つね》に毒薬《どくやく》を服《ふく》す。

宝珠＝宝玉《ほうぎょく》。自分自身が仏身であること。　**貧里**＝貧弱な村里。　**跉跰**＝さまよい住むこと。　**醍醐**＝最上の甘美《かんび》な飲物。　**韞む**＝包む。　**真如**＝真理・仏。

仏心がわが心であり、仏身がわが身であることを知らない人は、あたかも高価《こうか》な宝珠を胸にいだいて豊かであるのにそれを知らず自分は貧しいと錯覚《さっかく》しているようなものであり、最上の味の飲物を持っているのに毒薬を飲んで苦しんでいるのと同然《どうぜん》である。重《かさ》ね重《がさ》ね人間が仏・大日如来そのものであり、この上ない宝珠の持主であるとの自覚《じかく》の大切さをのべている。

座《ざ》を起《た》たずして金剛《こんごう》すなわちこれ我が心なり。三劫《さんごう》を経《へ》ずして法身《ほっしん》すなわちこれ我が身《み》なり。

金剛＝堅固《けんご》でゆるぎない心。大日如来《だいにちにょらい》の心。　**三劫**＝無限の時間。

法身＝法身仏《ほっしんぶつ》・大日如来。

この身《み》このままで悟っている金剛《こんごう》のような堅固な大日如来《だいにちにょらい》の心がわが心である。無限の時間を経過《けいか》しなくても、法身仏・大日如来と一体であるわが身なのである。従来の仏教が「三劫成仏《さんごうじょうぶつ》（無限の時間をかけて修行したのちに仏になる）」を説いたのに対して、空海がいまこの身そのままに現世《げんせ》において「即身成仏《そくしんじょうぶつ》」していることを力説《りきせつ》したのは既述《きじゅつ》の通りである。

遠くして遠からざるはすなわち我が心なり。絶えて絶えざるはこれ吾が性《せい》なり。

性＝本性《ほんせい》・本心。仏性《ぶっしょう》・仏心《ぶっしん》。神性《しんせい》・神《かみ》（の心）。

いかにも遠くにあるようで遠くないものは私たちの心であり、自分と断絶《だんぜつ》しているように見えて決してそうでないものは、私たちの本性である仏性《ぶっしょう》・仏心《ぶっしん》である。

心を離れて更に法なし

自分の心、人間の心を離れて真理・道理《どうり》・仏法《ぶっぽう》はありえない。仏法の教え、真理は大日如来を本質とするわが心にあるということである。

法身《ほっしん》いずくにかある。遠からずしてすなわちわが身《み》なり。

法身＝法身仏・大日如来。

空海は法身・法身仏・大日如来・毘盧遮那仏《びるしゃなぶつ》・仏《ほとけ》・真如等《しんにょとう》の名を使ったが、名称は異《ことな》ってもみな同一である。それが人間自身の本体・本質・本性であることを言葉を駆使《くし》して説き尽《つく》したのである。

仏心《ぶっしん》は慈《じ》と悲《ひ》となり。大慈《だいじ》はすなわち楽《らく》を与え、大悲《だいひ》はすなわち苦《く》を抜《ぬ》く。

この言葉は仏教の根本原理とされている。空海は全身全霊《ぜんしんぜんれい》、「大慈大悲《だいじだいひ》」「抜苦《ばっく》与楽《よらく》（苦しみを抜き楽しみを与えること）」の大衆救済《たいしゅうきゅうさい》の実践《じっせん》すなわち菩薩行《ぼさつぎょう》に尽《じん》力《りょく》し抜いた。それゆえにこそ後世《こうせい》「お大師《だいし》さま」として絶大《ぜつだい》な仰慕《ぎょうぼ》を受けたのである。

我《われ》を生じ我を育《いく》するは父母の恩《おん》、高天《こうてん》よりも高く、厚地《こうち》よりも厚《あつ》し。身《み》を粉《こ》にして命を損《そん》じても、何《なん》ぞ却《かえ》って報《ほう》ずることを得《え》ん。

父母の恩は天よりも高く地よりも厚く深い。身命《しんめい》を捧《ささ》げてこのご恩に報《むく》いんとしてもとてもかなわぬほど尊《とうと》いものである。空海の仏道《ぶつどう》に捧げた生涯は、自己を「貴物《とうともの》」として慈《いつく》しんでくれた父母の無上《むじょう》の恩愛《おんあい》に報いんとした至孝《しこう》(この上ない孝行)の道でもあった。「孝《こう》は百行《ひゃくこう》の本《もと》(両親に感謝し、両親を大切《たいせつ》に思い親孝行《おやこうこう》をすることは人間のあらゆる行為《こうい》の根本となるもの)」の言葉は永遠の真理である。親に感謝しえない者に幸福はありえない。なぜなら親は自己の生命の根元《こんげん》だからである。「親孝行したいと思うとき親はいない」との言葉があるがこれも肝《きも》に銘《めい》じたい。

煩悩《ぼんのう》あってよく解脱《げだつ》のためにもって因縁《いんねん》となる。

煩悩＝人間の迷い、悩み。むさぼり。いかり。おろかさ。解脱＝苦悩から解き放たれてさとりの境地に至ること。因縁＝きっかけ、由来《ゆらい》、契機《けいき》。

煩悩がない人はいない。しかしこの煩悩があるがゆえに、本当の人間の心(菩《ぼ》提心《だいしん》という)を求め、そこに至《いた》ることができるという「煩悩即菩提《ぼんのうそくぼだい》」の教えである。

辞達《じたつ》して理挙《りあ》がらんことを要《よう》す。故《ゆえ》に冗長《じょうちょう》を取《と》ることなし。

辞＝言葉、文章。　理＝筋道《すじみち》。

言葉・文章は筋道が通り論理《ろんり》的でなければならない。まわりくどいだらだらとした長い文章はもっともいけない。稀代《きだい》（世に稀《まれ》なこと）の文章家であった空海の著作《ちょさく》は、確固《かっこ》たる構成《こうせい》と緻密《ちみつ》にして明快《めいかい》な論理《ろんり》に貫《つらぬ》かれた有無《うむ》を言わさぬ強い説得力《せっとくりょく》に満《み》ちている。

凡《およ》そ詩《し》は発言《はつごん》誠《まこと》に難《むつかし》く、落句《らっく》易《やす》からず。

漢詩は最初の一言がまことに難しく、また結びの句に骨が折《お》れる。空海は菅原道真《すがわらのみちざね》と共に古代における代表的漢詩人《かんしじん》である。文章についても同じことがいえる。言葉が人間生活の根本であることを知り尽《つく》していた空海であったから、後世に珠玉《しゅぎょく》の名文名言を残すことができたのである。

生《うま》れ生れ生れ生まれて生《しょう》の始めに暗《くら》く
死に死に死に死んで死の終りに冥《くら》し

人間はどこから何のために生まれたのか。死んだらどうなるのか。どこに行くのか。生と死の実相《じっそう》について多くの人々は無知《むち》であることを痛嘆《つうたん》（いたく嘆《なげ》くこと）した強烈《きょうれつ》な言葉である。法身仏《ほっしんぶつ》・大日如来《だいにちにょらい》としての人間の本性・本質を自覚《じかく》すべしとの警句《けいく》である。

大日《だいにち》の光明《こうみょう》、廓《かく》として法界《ほっかい》に周《あまね》し

大日＝大日如来。　**廓として**＝限りなく広い。　**法界**＝仏《ほとけ》の世界。全世界。宇宙。
周し＝遍満《へんまん》している。

大日如来《だいにちにょらい》により天地自然の万物一切《いっさい》が生かされている。大日如来の光は天地・宇宙にあまねく満ちている。素晴らしい一句である。良寛《りょうかん》(『日本の偉人物語6』)の詩の一節に、「法界《ほっかい》、廓《かく》として無辺《むへん》なり」とあるが同じ意味である。

虚空《こくう》尽き、衆生《しゅじょう》尽き、涅槃《ねはん》尽きなば、我が願いも尽きん。

涅槃＝悟り。

この宇宙が尽き、生きとし生けるものが尽き、さとりが尽きるまで、生きとし生けるものの為に報恩《ほうおん》のまことを捧《ささ》げたいというのが、空海の生死《せいし》を超越《ちょうえつ》した願いであった(この宇宙は尽きることないから、永遠に報恩のまことを捧げるというのが空海の願い)。

以上、代表的な名言をあげた。空海の文章は短いが、いかに深い真理、思想が込《こ》められているかがわかる。そうして千二百年の時を超えて、現在の私たちの心にひたひたと迫《せま》り、魂をはげしく揺《ゆ》さぶるのを覚《おぼ》えるであろう。存在、物事の本質を最も的確《てきかく》に簡潔《かんけつ》にずばりと表現することにおいて、空海以上の人は稀《まれ》で空海はわが国最高の言葉・文章の達人《たつじん》・名人・天才の一人であった。

次に『即身成仏義《そくしんじょうぶつぎ》』と『声字実相義《しょうじじっそうぎ》』の二つの教義《きょうぎ》についての詩以外の代表的名作を読んで見よう。

黄葉索山野
蒼蒼豈始終
嗟余五八歳
長夜念圓融
浮雲何處出
本是浄虛空
欲談一心趣

黄葉山野《こうようさんや》に索《つ》きぬ
蒼蒼《そうそう》豈《あ》に始終《しじゅう》あらんや
嗟《ああ》　余《われ》五八《ごはち》の歳《とし》
長夜《じょうや》に圓融《えんゆう》を念《おも》えり
浮雲《ふうん》何《いず》れの處《ところ》より出《い》ずる
本《もと》是れ浄虛空《じょうこくう》なり
一心《いっしん》の趣《おもむき》を談《かた》らんと欲《ほっ》すれば

三曜朗天中　三曜天中《さんようてんちゅう》に朗《ほが》らかなり

索きぬ＝尽きぬ。　蒼蒼＝青々とした大空。　五八歳＝四十歳。　圓融＝融通無《ゆうずうむ》礙《げ》・渾然一体《こんぜんいったい》の状態。　浮雲＝煩悩《ぼんのう》・迷い。　浄虚空＝煩悩を離れた世界、仏の世界。　三曜＝太陽・月・星。　天中＝天空・宇宙。

晩秋《ばんしゅう》、黄葉《こうよう》が尽《つ》き、青々とした天空《てんくう》が無限に広がっている。四十の年を迎《むか》えた私は秋の長夜《ながよ》に祈り続けている。一体、煩悩《ぼんのう》とか迷《まよ》いはどこから現われるのだろうか。しかしそれはあるように見えても本来存在しない。人間の心は元々清浄《もともとせいじょう》な仏の心そのものだからだ。大空を仰《あお》げば太陽も月も星も照り輝いている。人間の心の中に本来輝いている自心仏《じしんぶつ》・大日如来《だいにちにょらい》を讃嘆《さんたん》した詩である。

閑林独座草堂暁　閑林《かんりん》に独座《どくざ》す草堂《そうどう》の暁《あかつき》

三宝之声聞一鳥　三宝《さんぽう》の声《こえ》を一鳥《いっちょう》に聞《き》く

一鳥有声人有心　　一鳥《いっちょう》声《こえ》有《あ》り　人心《ひとこころ》有《あ》り
声心雲水倶了了　　声心雲水《せいしんうんすい》　倶《とも》に了了《りょうりょう》たり

閑林＝静かな山林。高野山。　草堂＝道場。　三宝＝仏《ぶっ》・法《ぽう》・僧《そう》。　一鳥＝仏法僧鳥。コノハズクという夜行性の鳥。高野山にも棲息。ブッポウソウと鳴くように聞こえるからこの名がつけられる。　了了＝悟ること。

静かな山林《さんりん》の中の草堂《そうどう》（道場）で明け方独《ひと》り座してひたすら祈っていると、しじまを破って仏法僧《ぶっぽうそう》と鳴くこのはずくの声が聞こえてきた。三宝《さんぽう》をとなえる鳥の声と、それを聞く空海の心と、高野山中の流れゆく雲と清らかなせせらぎ。すなわち鳥の声の中に天地自然と人間の心が一つに融《と》け合《あ》って生命の根源《こんげん》たる大日如来に還《かえ》ってゆく永遠の今の一瞬《いっしゅん》を詠《よ》んだ空海の代表詩の一つである。

彳亍神泉観物候　　神泉《しんせん》に彳亍《てきちょく》して物候《ぶっこう》を観《み》る

心神恍惚不能帰
高臺神構非人力
池鏡泓澄含日暉
鶴響聞天馴御苑
鵠翅且戢幾将飛
遊魚戯藻数呑鉤
鹿鳴深草露霑衣
一翔一住感君徳
秋月秋風空入扉
銜草啄粱何不在
蹌蹌率舞在玄機

心神恍惚《しんじんこうこつ》として帰《かえ》ること能《あた》わず
高臺《こうだい》は神構《しんこう》にして人力《じんりき》に非《あら》ず
池鏡《ちきょう》は泓澄《おうちょう》として日暉《にっき》を含《ふく》む
鶴《つる》の響《こえ》天《てん》に聞《きこ》えて御苑《ぎょえん》に馴《な》れ
鵠《こく》の翅《つばさ》 且《しばら》く戢《おさ》め幾《きざ》して将《まさ》に飛《と》ばんとす
遊魚《ゆうぎょ》 藻《も》に戯《たわむ》れて数《しばしば》 鉤《つりばり》を呑《の》み
鹿《しか》は深草《ふかくさ》に鳴《な》いて露《つゆ》 衣《ころも》を霑《うるお》す
一《ひとつ》は翔《かけ》り一《ひとつ》は住《とど》まって君《きみ》の徳《とく》を感《かん》じ
秋《あき》の月《つき》秋《あき》の風《かぜ》 空《むな》しく扉《とびら》に入《い》る
草《くさ》を銜《ふく》み粱《あわ》を啄《ついば》み何《いず》くにか在《あ》らざらんや
蹌蹌《そうそう》と率舞《そつぶ》して玄機《げんき》に在《あ》り

彳亍＝たたずむ。　**神泉**＝神泉苑《えん》。桓武天皇《かんむてんのう》の命で造られた皇居前の庭園。　**物候**＝景色。　**心神**＝心身。　**恍惚**＝恍惚《こうこつ》。心が奪われること。　**高臺**＝楼閣《ろうかく》、楼台《ろうだい》。　**神構**＝そそり立つこと。　**地鏡**＝大きな池。　**泓澄含日暉**＝大きな池は鏡のように澄み切り日光が照り輝く。　**鵠**＝白鳥。　**翅且く戢め**＝飛ばずにたたずんで。　**幾して**＝やがて。　**鉤を呑み**＝釣られること。　**一翔一住**＝御苑《ぎょえん》の空をとびまわる鳥と御苑に棲息《せいそく》する生き物。　**感君徳**＝天皇の恩徳《おんとく》により生かされていること。　**秋月秋風空入扉**＝秋月も秋風もさえぎるものなく御苑に入《はい》る。　**銜草啄梁何不在**＝獣が草をはみ鳥が粟をついばみ安住している。　**蹌蹌**＝舞い踊るさま。　**率舞**＝そろって舞う。　**玄機**＝奥深い道理。

御所《ごしょ》のすぐ前にある神泉苑《しんせんえん》にたたずみ風景を観《み》ると、その美しさにみとれ恍惚《こうこつ》として帰ることを忘れる。壮麗《そうれい》な高台は神が造ったもので人力によるものではない。鏡のように澄み渡った池には日輪《にちりん》が輝く。鶴の声が天に響き御《み》苑《その》に馴《な》れ親《した》しみ、白鳥はここでたたずみやがて大空に舞い上る。遊魚は藻《も》と戯《たわむ》れしばしば鉤《つりばり》を呑《の》み、鹿は深草に鳴いて、露《つゆ》が衣《ころも》を濡《ぬ》らす。飛ぶ鳥もここに住む生き物もみな天皇の恩徳《おんとく》を感じている。ここでは秋の月が照り映《は》え秋の風がさわやかに吹く。獣は草をはみ鳥は粟《あわ》をついばみ満ち足りている。

人間のみならず生きとし生けるものが安楽《あんらく》に生活を享受《きょうじゅ》できるのはすべて天皇の恩徳の賜《たまもの》である。空海が嵯峨天皇《さがてんのう》のお招きを受けて神泉苑に赴《おもむ》いたときに詠《よ》んだもので、神泉苑のえもいわれぬ美しい情景《じょうけい》を活写《かっしゃ》するとともに、嵯峨天皇の治政《ちせい》を讃嘆《さんたん》した詩である。代表作の一つである。

真言不思議　真言《しんごん》は不思議《ふしぎ》なり
観誦無明除　観誦《かんじゅ》すれば無明《むみょう》を除《のぞ》く
一字含千理　一字《いちじ》に千理《せんり》を含《ふく》み
即身証法如　即身《そくしん》に法如《ほうにょ》を証《しょう》す
行行至円寂　行行《ぎょうぎょう》として円寂《えんじゃく》に至《いた》り
去去入原初　去去《ここ》として原初《げんしょ》に入《い》る
三界如客舎　三界《さんがい》は客舎《きゃくしゃ》のごとし
一心是本居　一心《いっしん》は是《こ》れ本居《ほんこ》なり

真言＝真理の言葉。　**観誦**＝観想《かんそう》しながら唱《とな》えること。　**無明**＝無知、迷い。

千理＝千の真理、無限の真理。　**即身**＝この身のままで、すぐに。　**法如**＝真如《しんにょ》、真理、法身《ほっしん》、大日如来《だいにちにょらい》。　**行行**＝行き行きて。　**円寂**＝悟りの世界。　**去去**＝去り去りて。　**原初**＝さとりの根源《こんげん》、仏の世界。　**三界**＝仏教の説く欲界《よくかい》・色界《しきかい》・無色界《むしきかい》。迷いの世界の全体。　**客舎**＝仮の住居。　**一心**＝唯一《ゆいいつ》なる心。　人間の本心・本性。仏の心。　**本居**＝本来《ほんらい》の拠《よ》り所《どころ》、真実のすまい。

真言というものは何と不思議なものであろう。これを心に思いとなえるだけで無知と迷いから解放《かいほう》される。一字の中に無量《むりょう》無限の真理が含まれており、この身《み》このままで仏《ほとけ》の世界・大日如来《だいにちにょらい》の世界に生きることが出来る。行き行きて悟りの境地《きょうち》に至《いた》り、去り去りて仏の世界に入《はい》る。いまだ悟りを開いていない人にとってはこの世界は仮《かり》の宿《やど》のようなものだが、大日如来とともにあるのが真実の自分であることを知るならば、いまここに悟りの境地にいることがわかるのである。空海の教えは、真言・コトバを核心としている。

最後は「遊山慕仙詩《ゆさんぼせんのし》」である。百六句もの長篇《ちょうへん》だが、その中の最も重要な二十二句を掲《かか》げよう。

飛龍何處遊　　飛龍《ひりゅう》何《いず》れの處《ところ》にか遊《あそ》ぶ
寥廓無塵方　　寥廓《りょうかく》たる無塵《むじん》の方《かた》
無塵宝珠閣　　無塵《むじん》は宝珠《ほうじゅ》の閣《かく》
堅固金剛墻　　堅固《けんご》なる金剛《こんごう》の墻《かき》あり
眷属猶如雨　　眷属《けんぞく》は猶雨《なおあめ》ふる如《ごと》し
遮那坐中央　　遮那《しゃな》　中央《ちゅうおう》に坐《いま》すなり
遮那阿誰号　　遮那は阿誰《たれ》の号《な》ぞ
本是我心王　　本《もと》是れ我《わ》が心王《しんのう》なり
三密遍刹土　　三密《さんみつ》　刹土《せつど》に遍《あまね》く
虚空厳道場　　虚空《こくう》に道場《どうじょう》を厳《かざ》る
山毫点溟墨　　山毫《さんごう》　溟墨《めいぼく》に点《てん》じ

乾坤経籍箱　　乾坤《けんこん》は経籍《きょうせき》の箱《はこ》なり
万象含一点　　万象《ばんしょう》を一点《いってん》に含《ふく》み
六塵閲縑緗　　六塵《ろくじん》を縑緗《けんしょう》に閲《み》る
行蔵任鐘谷　　行蔵《こうぞう》は鐘谷《しょうこく》に任《まか》せ
吐納挫鋒鋩　　吐納《とどう》は鋒鋩《ほうぼう》を挫《くじ》く
三千隘行歩　　三千《さんぜん》は行歩《ぎょうぶ》に隘《せま》く
江海少一嘗　　江海《こうかい》は一嘗《いっしょう》に少《すく》なし
壽命無始終　　壽命《じゅみょう》は始終《しじゅう》無《な》く
降年豈限壃　　降年《こうねん》豈《あ》に限壃《かぎり》あらんや
光明満法界　　光明《こうみょう》　法界《ほっかい》に満《み》つ
一字務津梁　　一字《いちじ》　津梁《しんりょう》を務《つと》む

寥廓＝広い大空。　無塵＝ちりのない清浄な仏の世界、法界《ほっかい》。　宝珠閣＝宝珠《ほうじゅ》で飾られた仏閣《ぶっかく》。　金剛墻＝永久不変の垣《かき》、塀《へい》、仏閣を取り囲む城壁。　眷属猶如雨＝無数の仏に取り囲まれていること。　遮那＝毘盧遮那仏《びるしゃなぶつ》、大日如来《だいにちにょらい》。　心王《しんのう》

＝心の本体、本来生きとし生けるものに備わる仏心《ぶっしん》・仏性《ぶっしょう》。　**三密**＝身体・言語・精神の三つ。この三つに秘められた神妙不可思議《しんみょうふかしぎ》な絶大な力・働き。　**刹土**＝国土・宇宙。　**虚空**＝大空・宇宙・さとりの世界。　**厳道場**＝仏・大日如来が修行者を見守る。　**山毫**＝山を筆とすること。　**溟墨**＝海を墨《すみ》とすること。　**点じ**＝書くこと。　**乾坤**＝天と地、宇宙。　**経籍**＝仏教の経典《きょうてん》。　**乾坤経籍箱**＝天地・大宇宙は仏の教えが充《み》ち満《み》ちている。　**万象**＝天地自然の万物一切《いっさい》。　**一点**＝「阿《あ》」の一字。密教《みっきょう》では阿の一字を言葉の源《みなもと》として大日如来と見る。大日如来は万物の本源であり万象《ばんしょう》を包含《ほうがん》している。　**六塵**＝色塵《しきじん》・声塵《しょうじん》・香塵《こうじん》・味塵《みじん》・触塵《しょくじん》・法塵《ほうじん》の六種の認識《にんしき》の対象《たいしょう》(43頁参照)。　**縑緗**＝縑は書画をかくのに用いる布。緗は書物の表装《ひょうそう》に使う布。転じて書物のこと。　**閲**＝記録を見ること。　**行蔵**＝行は才能をあらわすこと。蔵は才能をかくすこと。　**鐘谷**＝鐘《かね》と谷。　**行蔵任鐘谷**＝大日如来の融通無礙《ゆうずうむげ》の働きをいう。　**吐納**＝呼吸、出したり入れたりすること。　**鋒鋩**＝刀・槍《やり》などの切っ先、ほこさき。鋭い言説。　**三千大千世界**＝全宇宙。　**行歩**＝歩行。　**江海**＝大河と海。　**一嘗**＝ひと口に嘗《な》めること。

降年＝天から降し授けられた年令。　**限壇**＝限り、限界。　**法界**＝仏・法身仏・大日如来の世界。　**一字**＝「阿《あ》」の一字。「阿」字は万物の本源であり全《すべ》てを内包《ないほう》している。大日如来と同義《どうぎ》。　**津梁**＝川を渡る筏《いかだ》。俗世より仏の世界へ渡ることを意味する。

仏《ほとけ》・法身仏《ほっしんぶつ》・毘盧遮那仏《びるしゃなぶつ》・大日如来《だいにちにょらい》の世界を言葉を尽《つく》して高らかに讃嘆《さんたん》した詩である。中でも主要《しゅよう》な語句は、「遮那《しゃな》は阿誰《たれ》の号《な》ぞ」「本是《もとこ》れ我《わ》が心王《しんのう》なり」「三密《さんみつ》、刹土《せつど》に遍《あまね》く」「乾坤《けんこん》は経籍《きょうせき》の箱《はこ》なり」「光明法界《こうみょうほっかい》に満《み》つ」などである。二十二句を要約《ようやく》するとこうである。

人間を含めて天地自然の万物万象《ばんしょう》の一切《いっさい》のいのちの本源《ほんげん》・根源《こんげん》が大日如来《だいにちにょらい》（毘《び》盧遮那仏《るしゃなぶつ》・法身仏《ほっしんぶつ》・仏《ほとけ》）であり、あらゆる存在は大日如来のいのちの表現であり、大日如来こそ人間の「心王《しんのう》」であり「心仏《しんぶつ》」であり、「自心仏《じしんぶつ》」であり、大日如来・法身仏の世界は広大無辺《こうだいむへん》、光明遍照《こうみょうへんじょう》の世界である。この大日如来と一体であり、「即身成仏《そくしんじょうぶつ》」している人間の本質・本性を深く自覚《じかく》することが「三密《さんみつ》＝身《しん》密《みつ》・口密《くみつ》・意密《いみつ》」の修行・祈りである。『即身成仏義《そくしんじょうぶつぎ》』で説《と》き明《あ》かした仏教の真《しん》髄《ずい》を言葉を換《か》えて壮麗《そうれい》（壮大《そうだい》で美しいこと）に歌い上げた代表的名作である。

この中の「乾坤は経籍の箱なり」とは、天地自然、宇宙そのものが大日如来のいのちの表現だから、天地、宇宙はお経《きょう》のいっぱい詰《つ》まった箱と同然《どうぜん》という意味である。空海に深く感化《かんか》された二宮尊徳は次の和歌を詠《よ》んでいる（『日本の偉人物語1』参照）。

声《こゑ（え）》もなく　香《か》もなく常《つね》に　天地《あめつち》は
書《か》かざる　経《きや（よ）う》を　繰《く》り返《かへ》しつつ

仏教者として人格・学問・見識ともに並びなかった大天才である空海の文章と詩は、内容が奥深く使われている仏教の専門語句がとてもむつかしいが、語句の説明を読み何度も口ずさんでほしい。そうするならばこれらの詩文《しぶん》と教えの素晴らしさが徐々《じょじょ》に身《み》にしみてわかってくるであろう。何事も大切なことは気長《きなが》に撓《たゆ》むことなく繰《く》り返《かえ》し積《つ》み重《かさ》ねることである。

4、後世に及ぼした絶大な感化——不滅の弘法大師信仰

わが国における稀有の文章と詩

これまでのべてきたように、空海の文章と詩は余人《よじん》（ほかの人）の追随《ついずい》（あとを追うこと）を許さぬ卓越《たくえつ》したものであった。千二百年前の文章と詩が少しも古くさくなく瑞々《みずみず》しく新鮮《しんせん》で生き生きしており、現在に生きる私たちの心に踊《おど》るように迫《せま》ってくることを誰もが強く感じるであろう。

言葉の本質を見極《みきわ》め、言葉が神聖《しんせい》なものであることを誰よりも知り、日本人の

言霊信仰《ことだましんこう》を生れながらに身《み》につけていた空海の文章と詩は比類《ひるい》のない高さと深さと美しさに輝いている。言霊信仰とは、やまと言葉、日本語の五十音一語一語に深い意味があり、それは霊妙不可思議《れいみょうふかしぎ》な働きを有《ゆう》し、物事を実現する霊力《れいりょく》があり、言葉は御霊《みたま》そのものであるという日本人古来《こらい》の信仰である。空海の教えは真言宗《しんごんしゅう》とよばれる。真言とは大日如来《だいにちにょらい》の言葉である。換言《かんげん》すると神のことばである。神の心、神の霊からなる言葉を御言《みこと》という。御言は御事《みこと》であり、「命《みこと》」であり、「まこと（真《まこと》・誠《まこと》・実《まこと》・信《まこと》）」である。天地自然の一切《いっさい》の万物に言葉（響《ひび》き・音《おと》・振動《しんどう》・波動《はどう》）があり、万物は音・言葉より成り立っていることを力説《りきせつ》してやまなかった大聖《たいせい》（最も徳の高い聖人）が空海であった。

言葉や文章に少しでも関心《かんしん》を抱《いだ》く者は、空海の文章、詩に触《ふ》れるとたとえ深くは理解できなくても心に強く響くものを感ずるのである。中学生・高校生の皆さんにそれを感じてもらいたいから、名言・名詩の数々を載《の》せた。先に菅原道真《すがわらのみちざね》（『日本の偉人物語7』）を「言葉の魔術師《まじゅつし》」とのべたが、空海は道真の先駆者《せんくしゃ》であり元祖《がんそ》・言葉の魔術師であった。

書聖・空海

空海について語るとき、書《しょ》をはずすことは出来ない。仏教者として生きた空海は書道《しょどう》の専門家ではなかったが、この道においても天与《てんよ》（天から授けられること）の才能を発揮《はっき》した。空海の書の価値を誰よりも深く認めたのは嵯峨天皇《さがてんのう》であり、天皇は始め仏教よりも空海の書に惚《ほ》れこみ、幾度《いくど》も書を揮毫《きごう》させそれを宝物として身辺《しんぺん》におかれた。

唐《とう》に渡ったとき、空海の書のあまりの素晴らしさが評判《ひょうばん》になった。唐代はシナ歴史上最もすぐれた書家《しょか》が数多く出た時代である。その書の本場《ほんば》において、空海は「五筆和尚《ごひつおしょう》（五つの書体《しょたい》を駆使《くし》して書く仏僧《ぶっそう》）」とよばれ尊敬された。空海が最澄にあてた手紙の一つ（「風信帖《ふうしんじょう》」とよばれる）は国宝《こくほう》として今に伝えられている。今日、わが国で書聖《しょせい》として仰《あお》がれているのが空海と良寛《りょうかん》である。二人とも書と漢詩において傑出《けっしゅつ》（とびぬけてすぐれていること）し、宗派《しゅうは》を超えて親愛されていることが似《に》ている。

万能の大天才

既述《きじゅつ》の通り空海は仏教・学問・思想・文芸《ぶんげい》（文章・詩）・教育・書道・建築・美術工芸・治水土木《ちすいどぼく》・慈善《じぜん》事業・医術医薬等々、到底《とうてい》一人の人間のなすこととは思われないほど多くの分野《ぶんや》で超人的才能を十二分に振《ふる》った類《たぐ》いなき古今《ここん》の大才《たいさい》であった。まさにこの世の奇蹟《きせき》というほかはないこのような人物が現実に本当に存在したのかと思うほどだ。

それゆえ人々は空海を生仏《いきぼとけ》・生神様《いきがみさま》として仰《あお》ぎ、死後「弘法大師信仰《こうぼうだいししんこう》」が生まれたのはごく自然のなりゆきであった。わが国において空海ほど超人化《ちょうじんか》され神格化《しんかくか》され伝説化された人物は聖徳太子《しょうとくたいし》以外にない。空海は聖徳太子とともにわが国古代を代表する人物であり、日本文化全体に絶大《ぜつだい》な影響《えいきょう》を与えた日本仏教史上最大の巨人であった。

空海の本質――神道的心性感情が最も豊かな日本人の一典型

空海は仏教者の代表であったが、その前に最も日本人らしい日本人の一典型《いちてんけい》（手本・模範《もはん》）であった。先にものべたが空海の心の最深奥《さいしんおう》にあったのは、わが国古来《こらい》の信仰・生き方である神道《しんとう》・神《かん》ながらの道そのものであったことを私は深く感ずる。それゆえ若き日より自然と一体となって生きる山林《さんりん》生活に終始《しゅうし》し、高野《こうや》山《さん》を「法身《ほっしん》のふる里《さと》」としてここで最期《さいご》を遂《と》げたのである。神道の根幹《こんかん》にある自然崇拝《すうはい》（信仰）・御霊《みたま》崇拝（信仰）・祖先《そせん》崇拝（信仰）・天皇崇拝（信仰）こそ空海の血であり肉であった。

空海は佐伯氏《さえきし》の出《で》だが、佐伯氏は姓は異《こと》なるが大伴氏《おおともし》と同族である。大伴氏は古来《こらい》、天皇に忠義忠誠《ちゅうぎちゅうせい》の限りを尽《つく》してきたわが国の代表的名族《めいぞく》である。大伴氏の根本精神は、『万葉集』で大伴家持《おおとものやかもち》が歌った次の名歌に象徴《しょうちょう》されている。

海ゆかば　水《み》づく屍《かばね》　山ゆかば　草むす屍　大君《おほ(お)きみ》の辺《へ》にこそ死なめ　かへりみはせじ

空海は誉《ほま》れ高き大伴の同族としてこの自覚と誇りに生涯《しょうがい》を生きた。大学を中退した時、周囲から「不忠者《ふちゅうもの》」「不孝者《ふこうもの》」の非難《ひなん》を浴《あ》びたときに苦悩《くのう》したのは、大伴氏に連《つら》なる佐伯氏の名誉を汚《けが》すことを恐《おそ》れたからであった。しかし空海は進む道こそ違《ちが》え、仏道《ぶつどう》に生きることにより、将来《しょうらい》必ず「大忠《たいちゅう》」「大孝《たいこう》」を尽《つ》さんと深く決意し念願《ねんがん》して、事実それを実現している。天皇・国家に対して忠実《ちゅうじつ》に生きる真《しん》の日本人の道を決して踏《ふ》みはずすことはなかった。

空海の仏教は既述《きじゅつ》の通り、大日如来《だいにちにょらい》を本尊《ほんぞん》(信仰の中心となる仏《ほとけ》)と仰《あお》ぐ『大日《だいにち》経《きょう》』を根本経典《こんぽんきょうてん》とするが、大日如来とは「太陽神《たいようしん》」であり、日本的に言えば「天照大御神《あまてらすおおみかみ》」である。『大日経』は換言《かんげん》すれば「天照大御神経」あるいは「太陽神霊《しんれい》経」である。重ねて言うが名称の違いに捉《とら》われてこだわってはならない。天地自然の万物一切《いっさい》の生命の本源《ほんげん》・根源《こんげん》は一つであり、ただ地域・民族・宗教により呼び名が異《こと》なるだけである。

天才的な洞察力《どうさつりょく》・直観力《ちょっかんりょく》・認識力《にんしきりょく》をもつ空海はいち早くそれを見抜き、神道《しんとう》と仏教を融合《ゆうごう》・一体化《いったいか》して、神道をその根底《こんてい》に据《す》えるインドやシナとは異なる独《どく》自《じ》の日本的仏教を樹立《じゅりつ》、確立《かくりつ》し得《え》たのであった。何《なん》と偉大《いだい》なことであろう。密《みっ》教《きょう》を頂点《ちょうてん》とする大乗仏教《だいじょうぶっきょう》はインド・シナで消滅《しょうめつ》(わずかにチベット・ヒマラヤ地方で残存《ざんそん》)しているが、日本が仏教の本場《ほんば》となりすぐれた僧侶《そうりょ》を輩出《はいしゅつ》して仏教は今日《こんにち》まで命脈《めいみゃく》(命が続くこと)を保《たも》っている。仏教上において空海が果《はた》した役割と貢献《こうけん》は他の宗祖《しゅうそ》たちと比較《ひかく》しえず格別《かくべつ》なのである。最も日本人らしい一人空海は、「融和《ゆうわ》・共存《きょうぞん》・結合《けつごう》・総合《そうごう》」という大和魂《やまとだましい》を持つ比類《ひるい》なき仏教者であった。

弘法大師信仰――後世への絶大な感化

不世出《ふせいしゅつ》の仏教者空海に対する「弘法大師信仰《こうぼうだいししんこう》」は「聖徳太子信仰《しょうとくたいししんこう》」「天神信仰《てんじんしんこう》(菅原道真に対する信仰)」と並び立っている。はじめにのべたように空海の伝記は約七百種に上《のぼ》る。それは弘法大師空海への日本人の関心の高さの証《あかし》であり、弘法大師信仰の広大《こうだい》さを物語っている。

また空海ほど全国にわたり数多い伝説を持つ人物は絶無《ぜつむ》である。北海道から九州までその数約五千と言われる。しかし空海が歩いたのは四国と近畿《きんき》が主《しゅ》で、他の地域を訪れる時間的余裕《よゆう》は帰国後なかった。伝説で圧倒的に多いのは、井戸《いど》、湧水《ゆうすい》、川、池にまつわるものである。空海が満濃池《まんのういけ》などを修築《しゅうちく》して多くの人々を救済《きゅうさい》した治水《ちすい》・土木《どぼく》事業の名手《めいしゅ》であったから、全国にそのような伝説が生まれたのである。別の人物が行った事業をも空海とされたものが多いのである。

真言宗の主な寺院

空海の建立《こんりゅう》した寺院《じいん》並びに深いかかわりのある真言宗寺院をあげてみよう。

〈高野山金剛峯寺《こうやさんこんごうぶじ》〉

弘仁《こうにん》七年（八一六）、嵯峨天皇《さがてんのう》より高野山が下賜《かし》されて開創《かいそう》に着手《ちゃくしゅ》した。今日《こんにち》、根本大塔《こんぽんだいとう》・西塔《さいとう》・金堂《こんどう》・御社《みやしろ》を中心とする壇上伽藍《だんじょうがらん》、金剛峯寺本坊《こんごうぶじほんぼう》、奥之院《おくのいん》、霊宝館《れいほうかん》、高野山大学を始め一一七寺を擁《よう》する高野山真言宗三六〇〇余寺《よじ》の総本山《そうほんざん》である。金剛峯寺の名は高野山全体を指《さ》す名称である。既述《きじゅつ》の通り若き日の空海が山林修行に明《あ》け暮《く》れていたとき見い出した魂のふる里ともいうべき幽邃清浄《ゆうすいせいじょう》な地であった。平成二十七年、開創千二百年を迎えた高野山は日本仏教の一大聖《せい》地《ち》であり、この霊場《れいじょう》を訪れる人々は今日益々増加の一途《いっと》を辿《たど》っている。

高野山には、国宝二一件、重要文化財一四三件を含む約五万点もの建物を始め仏像・仏具《ぶつぐ》・経文《きょうもん》・書《しょ》・古文書《こもんじょ》・絵画・工芸品・刀剣《とうけん》などが霊宝館に収納《しゅうのう》されている。まさに仏教美術・工芸品の宝庫《ほうこ》であり、「山の正倉院《しょうそういん》」の別名を持つ。殊《こと》に仏像の名品《めいひん》が多いが、わが国を代表する天才仏師《ぶっし》である運慶《うんけい》と快慶《かいけい》の傑作《けっさく》が数多くある。なかでも国宝「八大童子立像《はちだいどうじりつぞう》」が有名である。

〈東寺《とうじ》（教王護国寺《きょうおうごこくじ》）〉

弘仁十四年（八二三）、嵯峨天皇より給預《きゅうよ》された。教王護国寺ともよばれ、「鎮《ちん》護国家《ごっか》」の祈りを行う平安京《へいあんきょう》における真言宗の根本道場とされた。東寺の給預は嵯峨《さが》天皇が空海をいかに深く信頼、親愛されたかを最も雄弁《ゆうべん》に物語っている。創建《そうけん》当時の建物は残っていないが、桃山《ももやま》時代に再建された国宝の金堂《こんどう》始め国宝・重要文化財指定建造物十三件を含む建物が、平安朝時代と同じ配置で並んでいる。

南大門の右手・東南隅《とうなんぐう》に五重塔《ごじゅうのとう》があり、門の真北に金堂《こんどう》（本堂《ほんどう》）・講堂《こうどう》（道場）・食堂《じきどう》が一直線に並んでいる。五重塔は五十四メートル余り、わが国で最も高い。東寺は高野山金剛峯寺《こんごうぶじ》とともに密教《みっきょう》美術の粋《すい》が集まり、国宝二五件、重要文化財五八件始め全部で二万四千余点に上《のぼ》る。空海の心と形を鮮《あざ》やかに残す東寺は京都を象徴《しょうちょう》する存在の一つである。世界遺産でもある。

東寺・五重塔（京都市）

〈神護寺《じんごじ》〉

この寺は始め高雄山寺《たかおさんじ》とよばれ、和気清麻呂《わけのきよまろ》が建立《こんりゅう》した和気氏の氏寺《うじでら》であった。唐《とう》より帰朝《きちょう》後、空海はこの寺に移り住み、ここを根拠《こんきょ》として活発な宗教活動を展開《てんかい》した。入山《にゅうざん》十四年目、神護寺と改称《かいしょう》された。清麻呂の息子和気真綱《まつな》・仲《なか》世《よ》兄弟が空海に深く帰依《きえ》（神仏に従い絶対的に信頼すること）しやがて神護寺を空海に譲《ゆず》り渡《わた》した。神護寺は空海が平安仏教界に一大雄飛《いちだいゆうひ》を遂《と》げた重要なお寺として高野山、東寺に次ぐ深いゆかりがある。自然のひときわ美しい山寺《やまでら》である。

〈大覚寺《だいかくじ》〉

嵯峨《さが》天皇の離宮《りきゅう》として建立されたのが始まりである。亀山上皇《かめやまじょうこう》や後宇多上皇《ごうだじょうこう》も入寺《にゅうじ》されここで院政《いんせい》が行われた。京都有数の真言宗寺院として今日に至っている。

〈醍醐寺《だいごじ》〉

空海の孫弟子《まごでし》・高僧聖宝《こうそうしょうぼう》により創建《そうけん》された。醍醐天皇《だいごてんのう》の帰依《きえ》により多く堂宇《どうう》（建物）が造営《ぞうえい》された。今日、京都有数の大寺院として数多くの国宝・重要文化財を持つ。桜の名所としても有名。世界遺産。

〈泉涌寺《せんにゅうじ》〉

皇室との関係がことに深く、孝明天皇《こうめいてんのう》など歴代天皇《れきだいてんのう》の御陵《ごりょう》がおかれ、「御寺《みてら》」とよばれている。

〈仁和寺《にんなじ》〉

宇多天皇《うだてんのう》により開創《かいそう》され、御室御所《おむろごしょ》ともよばれた。宇多天皇は菅原道真《すがわらのみちざね》を抜擢《ばってき》して無二《むに》の腹心《ふくしん》として重用《ちゅうよう》された名帝《めいてい》である。世界遺産。

〈高山寺《こうざんじ》〉

八世紀後半に開創されたが一時廃絶《はいぜつ》、鎌倉時代、名僧明恵《めいそうみょうえ》が復興《ふっこう》した。京都郊外西方の深い緑に覆《おお》われた栂尾《とがのお》の地に立つ。世界遺産。

〈西大寺《さいだいじ》〉

平城京《へいじょうきょう》時代、東の東大寺に対する西の大寺として創建《そうけん》された。鎌倉時代、高野山で学んだ高僧叡尊《こうそうえいそん》がここで活躍、真言宗の教えに基づき真言律宗《りっしゅう》を開いた。

〈長谷寺《はせでら》〉

開創《かいそう》は七世紀。奈良県桜井市にある。平安時代には貴族、室町時代には民衆による長谷詣《もうで》が盛んになり、今日も多くの人々の厚い信仰が絶えない。

〈室生寺《むろうじ》〉

奈良県にある。由緒《ゆいしょ》ある古寺《こじ》で昔から霊山《れいざん》として信仰されてきた。空海が再興《さいこう》。ことに女性の信仰が厚く「女人高野《にょにんこうや》」の別称《べっしょう》を持つ。

〈観心寺《かんしんじ》〉

大阪府河内《かわち》長野市にある。役小角《えんのおづぬ》により開かれたがやがてさびれ、空海が真言宗の修行道場として再建した。空海は京都と高野山の中途《ちゅうと》の宿として使った。楠《くすの》木正成《きまさしげ》と殊《こと》に縁《えん》が深く、正成は年少時この寺で学んだ。ここに正成の墓がある。

〈成田山新勝寺《なりたさんしんしょうじ》〉

「成田山」「成田不動《なりたふどう》」として今日、東京・関東の人々の絶大《ぜつだい》な信仰を受け、新年の参拝者《さんぱいしゃ》は明治神宮に次ぐ。真言宗の本尊《ほんぞん》である大日如来《だいにちにょらい》と一体とされる不動《ふどう》明王《みょうおう》の信仰は宗派を超えて全国に及ぶ。この不動明王の信仰を最初にわが国に伝えたのが空海である。新勝寺の起源《きげん》は平安時代、高雄山神護寺《たかおさんじんごじ》の空海作と伝えられる不動明王像が下総国《しもふさのくに》成田に安置《あんち》されたことに発《はっ》している。空海は不動明王を篤《あつ》く尊崇《そんすう》していた。二宮尊徳《にのみやそんとく》はこの成田山新勝寺において二十一日間の断食《だんじき》祈願《きがん》を行い開悟《かいご》して以後、六百の農村を再建した。江戸期、経世済民《けいせいさいみん》(世を経《おさ》め民を済《すく》うこと)に尽した大偉人二宮尊徳は、空海が後世《こうせい》に生んだ最大の弟子であったと言ってよかろう。

〈**平間寺**《へいげんじ》〉

川崎市にある。「川崎大師《かわさきだいし》」の別称《べっしょう》でやはり東京・関東の多くの人々の信仰を獲得している。ことに「厄除け大師《やくよけだいし》」として崇敬《すうけい》されている。

〈**善通寺**《ぜんつうじ》〉

生誕《せいたん》の地に帰朝後《きちょうご》、空海が建立《こんりゅう》。高野山・東寺とともに三大霊場《さんだいれいじょう》の一つとされている。四国八十八箇所霊場《れいじょう》の第七十五番札所《ふだしょ》。

以上、多くの人々が知る真言宗の名だたる寺院《じいん》である。他の宗祖《しゅうそ》の場合、最《さい》澄《ちょう》は比叡山延暦寺《ひえいざんえんりゃくじ》、法然《ほうねん》は知恩院《ちおんいん》、親鸞《しんらん》は本願寺《ほんがんじ》(東・西)、道元《どうげん》は永平寺《えいへいじ》、日蓮《にちれん》は身延山久遠寺《みのぶさんくおんじ》と人々が知っている寺はその宗派《しゅうは》につき一つか二つにすぎないが、空海はかくも数多い。この一事《ひとこと》をとっても空海の存在が比類《ひるい》を絶していることがわかる。空海は宗派を越えて民衆に仰慕《ぎょうぼ》され篤《あつ》い信仰を捧《ささ》げられた特別《とくべつ》の存在であり続けたのである。

現在、空海とその打《う》ち樹《た》てた日本的仏教についての一般の人々の関心《かんしん》、並びに学問・研究はいよいよ目覚《めざ》ましく、日本仏教史上に屹立《きつりつ》(そびえ立つこと)する最大の仏教者として改めて大きく見直され、空海についての啓蒙書《けいもうしょ》・物語・研究書はあとを絶たない。

真《しん》の偉人はいかに時代が経《へ》ようとも、決して忘れ去られ否定されることはない。弘法大師《こうぼうだいし》空海は日本仏教の樹立者《じゅりつしゃ》・確立者《かくりつしゃ》として日本仏教史上の最高峰《さいこうほう》として、かくも現代の日本人の魂をとらえ心をひきつけてやまないのである。

参考文献

『定本弘法大師全集』11巻　高野山大学密教文化研究所　平成3年～9年
『訳注即身成仏義』松長有慶　春秋社　令和元年
『訳注声字実相義』松長有慶　春秋社　令和2年
『訳注吽字義釈』松長有慶　春秋社　令和3年
『訳注秘蔵宝鑰』松長有慶　春秋社　平成30年
『訳注弁顕密二教論』松長有慶　春秋社　令和4年
『訳注般若心経秘鍵』松長有慶　春秋社　平成30年
『空海コレクション1・2』宮坂宥勝監修　ちくま学芸文庫　平成16年
『空海コレクション3・4』福田亮成校訂・訳　ちくま学芸文庫　平成25年
『空海「即身成仏義」「声字実相義」「吽字義」』加藤精一編　角川ソフィア文庫　平成25年
『空海「秘蔵宝鑰」』加藤純隆・加藤精一訳　角川ソフィア文庫　平成22年
『空海「三教指帰」』加藤純隆・加藤精一訳　角川ソフィア文庫　平成19年

『空海「弁顕密二教論」』加藤精一訳　角川ソフィア文庫　平成26年
『空海「般若心経秘鍵」』加藤精一編　角川ソフィア文庫　平成23年
『空海「性霊集」抄』加藤精一訳　角川ソフィア文庫　平成27年
『大日経住心品講讃』松長有慶　大法輪閣　平成22年
『大日経・金剛頂経』大角修訳　角川ソフィア文庫　平成27年
『大日経の真髄を解く』安達駿　たま出版　平成21年
『華厳経入門』木村清隆　角川ソフィア文庫　平成27年
『沙門空海』渡辺照宏・宮坂宥勝　ちくま学芸文庫　昭和42年
『南無大師遍照金剛―弘法大師の生涯』渡辺照宏　成田山新勝寺　昭和51年
『空海』宮坂宥勝　ちくま学芸文庫　平成15年
『大宇宙に生きる―空海』松長有慶　中公文庫　平成21年
『空海』松長有慶　岩波新書　令和4年
『密教とはなにか―宇宙と人間』松長有慶　中公文庫　平成6年
『密教』松長有慶　岩波新書　平成3年

第一話　空海――日本的仏教を樹立した大聖

『高野山』松長有慶　岩波新書　平成26年
『理趣経』松長有慶　中公文庫　平成4年
『空海―生涯とその周辺』高木訷元　吉川弘文館　平成21年
『空海の座標 存在とコトバの深秘学』高木訷元　慶應義塾大学出版会　平成28年
『空海 還源への歩み』高木訷元　春秋社　令和元年
『密教の聖者空海』高木訷元・岡村圭真　吉川弘文館　平成15年
『即身成仏義を読む』岡村圭真　高野山大学　平成17年
『弘法大師空海伝』加藤精一　春秋社　平成元年
『弘法大師空海伝十三講』加藤精一　大法輪閣　平成27年
『空海入門』加藤精一　角川ソフィア文庫　平成24年
『空海のこころの原風景』村上保壽　小学館　平成24年
『日本人のこころの言葉―空海』村上保壽　創元社　平成21年
『空海の詩』阿部龍樹　春秋社　平成14年
『空海百話』佐伯泉澄　東方出版　昭和59年

『空海百話Ⅱ』佐伯泉澄　東方出版　平成21年
『弘法大師空海の研究』武内孝善　吉川弘文館　平成18年
『空海伝の研究―後半生の軌跡と思想―』　武内孝善　吉川弘文館　平成27年
『空海はいかにして空海になったか』武内孝善　角川選書　平成27年
『空海の思想』竹内信夫　ちくま新書　平成26年
『空海入門』竹内信夫　ちくま学芸文庫　平成28年
『空海の哲学』竹村牧男　講談社現代新書　令和2年
『空海の言語哲学―「声字実相義」を読む』竹村牧男　春秋社　令和3年
『「秘蔵宝鑰」を読む』竹村牧男　春秋社　令和2年
『空海の究極へ「秘密曼荼羅十住心論」を読む』竹村牧男　青土社　令和4年
『空海の思想について』梅原猛　講談社学術文庫　昭和55年
『最澄と空海』梅原猛　小学館文庫　平成17年
『弘法大師空海「即身成仏」』池口恵観　ＫＫロングセラーズ　平成22年
『恵観の「新空海伝」』池口恵観　ＫＫロングセラーズ　平成27年

『生身の空海』中谷征充　幻冬社　平成31年
『続・生身の空海』中谷征充　幻冬社　令和2年
『最澄と空海』立川武蔵　講談社選書メチエ　平成10年
『即身成佛の真理』谷口雅春　日本教文社　昭和60年
『言霊の思想』鎌田東二　青土社　平成29年
『空海の本』学習研究社　平成18年
『真言密教の本』学習研究社　平成9年
『弘法大師の世界』別冊太陽　平凡社　令和3年
『空海』別冊太陽　平凡社　平成13年
『空海と真言密教』ＥＩＷＡＭＯＯＫ　令和元年
『高野山のすべて』別冊宝島　平成26年
『新世紀への波動』天野仁　創士社　平成14年
『量子で読み解く生命・宇宙・時間』吉田伸夫　幻冬社新書　令和4年
ほか

第二話

勝海舟

——日本新生に捧げた生涯

勝　海舟

安芳（やすよし）。文政6年（1823）〜明治32年（1899）
江戸時代末期の幕臣。明治初期の政治家。万延元年（1860）には咸臨丸で渡米。戊辰戦争時には、西郷隆盛と談判し江戸城無血開城を実現。（肖像写真：国立国会図書館「近代日本人の肖像」）

1、若年時の困苦と試練
――困難ここに至りまた感激を生ず

明治維新における大功

非西洋唯一《ゆいいつ》の例外《れいがい》である近代世界史の奇蹟明治維新《きせきめいじいしん》を実現《じつげん》する上に最も重要《じゅうよう》な役割を果《はた》した人物として、これまで西郷隆盛《さいごうたかもり》・吉田松陰《よしだしょういん》・島津斉彬《しまづなりあきら》・高杉晋作《たかすぎしんさく》・坂本龍馬《さかもとりょうま》をあげたが、もう一人の欠くべからざる偉人が勝海舟《かつかいしゅう》である。

既《すで》にのべたように明治維新を成就《じょうじゅ》せしめた第一人者・西郷隆盛は代表的日本

人の筆頭《ひっとう》であり古今《ここん》不世出《ふせいしゅつ》（昔から今まで並ぶものがないこと）の英雄だが、維新成《いしんせい》立時《りつじ》の慶応《けいおう》四年春（この年秋改元《かいげん》され明治元年《がんねん》・一八六八）、もし旧幕府側《きゅうばくふがわ》に勝海舟《かつかいしゅう》がいなかったならば両者の歴史的談判《だんぱん》（話し合い）は成り立たず江戸無血開城《むけつかいじょう》はありえず、官軍《かんぐん》と旧幕府軍は全面衝突《ぜんめんしょうとつ》して江戸は火の海となっていたことであろう。徳川方《がた》の恭順《きょうじゅん》（朝廷《ちょうてい》・官軍に絶対的に従うこと）が辛《かろ》うじて成り立ちえたのは偏《ひとえ》に勝海舟が存在したからである。このとき海舟の人物を深く認めて海舟を敬愛《けいあい》してやまぬ西郷隆盛が大度量《だいどりょう》をもって徳川方の嘆願《たんがん》を全《すべ》て承諾《しょうだく》したからこそ談判が奇蹟的《きせきてき》に成就《じょうじゅ》し無血開城が実現、ここに明治維新が達成《たっせい》されたのである。

主戦論《しゅせんろん》（戦争を主とする考え）が全体を覆《おお》い徹底抗戦《てっていこうせん》を叫《さけ》ぶほとんどの旧幕臣《きゅうばくしん》を必死に抑《おさ》えつけて徳川方の恭順を維持《いじ》し、背水《はいすい》の陣《じん》をしいて西郷と談判をやり遂《と》げた勝海舟の超凡《ちょうぼん》（とびぬけてすぐれていること）の見識《けんしき》と至誠《しせい》に基《もと》づく捨身報国《しゃしんほうこく》の尽力《じんりょく》は西郷に決して劣らず、千古《せんこ》の歴史に輝《かがや》く不朽不滅《ふきゅうふめつ》のものであった。明治維新において西郷隆盛とともに勝海舟という大人物を持ちえたことは、まことに日本民族の幸運であったのである。

父と子

勝海舟は文政《ぶんせい》六年（一八二三）一月三十日、幕府御家人《ごけにん》勝小吉《かつこきち》の長男として江戸に生れた。通称《つうしょう》は麟太郎《りんたろう》、名は義邦《よしくに》、後《のち》に安芳《やすよし》と言った。海舟は号《ごう》である。西郷より四つ、坂本龍馬より十二年上である。亡くなるのは明治三十二年、七十七歳の長命《ちょうめい》を保《たも》った。

勝家は禄高《ろくだか》四十一石《こく》の最下級《さいかきゅう》の御家人であり、父の小吉は幕府の下役人《したやくにん》にもなることが出来なかったから、暮《くら》しは下層《かそう》の町民と変らなかった。海舟の生立《おいた》ちは父小吉の存在を抜きにしては語れない。小吉は型破《かたやぶ》りの無軌道《むきどう》の武士であった。若い時からやりたい放題《ほうだい》、放蕩三昧《ほうとうざんまい》（酒や女遊びにふけり品行《ひんこう》のおさまらないこと）をやり尽《つく》し、江戸下町《したまち》の町人や無頼《ぶらい》の徒《と》（一定《いってい》の職業がなく性質行動が不良《ふりょう》な人間）とも平気《へいき》でつき合い、もともとたいしてない家産《かさん》（財産）を傾《かたむ》けつくし、武士として桁外《けたはず》れの一生を送った人間であった。それゆえ親戚《しんせき》からは義絶《ぎぜつ》（親戚の縁《えん》を絶《た》っこと)同然《どうぜん》の厄介者扱《やっかいものあつか》いを受けて、海舟が二十八歳の時に亡くなった。

しかし小吉《こきち》は単《たん》なる駄目《だめ》人間ではなかった。武士の道を踏《ふ》みはずしはしたが、剣術は滅法《めっぽう》強く一流の腕前であった。勝家は剣術家の血が流れており、小吉の甥《おい》である海舟の従兄《いとこ》の男谷精一郎《おだにせいいちろう》は幕末《ばくまつ》随一《ずいいち》の剣聖《けんせい》(剣道の神様)とうたわれた人物である。小吉は彼ほどではないが江戸有数《ゆうすう》の使《つか》い手《て》の一人であり、勇気と胆力《たんりょく》は十分すぎるほど持っていた。また小吉は随分無茶《むちゃ》もやったが、人の難儀《なんぎ》(困難)を黙《だま》って見ていることができぬ人情《にんじょう》の厚い人間で、下町《したまち》の庶民《しょみん》からは親のように慕《した》われる一面があった。ただ小吉には学問がなかった。後年《こうねん》これを悔《く》い遅《おそ》まきながら文字《もじ》を学ぶ(学問をすること)が、もって生まれた素質《そしつ》は決して他人に劣る人間ではなかったのである。

その小吉の唯一《ゆいいつ》の楽しみ、希望が自分には似《に》ず出来《でき》が素晴らしく良い一人息子麟太郎《りんたろう》の成長であった。小柄《こがら》ではあったが若鮎《わかあゆ》のようにぴちぴちした生気《せいき》にあふれ、気品《きひん》がある上に頭脳《ずのう》もずば抜けている息子の将来《しょうらい》が唯一《ゆいいつ》の期待《きたい》であった。麟小吉は麟太郎を自分のようなやくざ者にしてはならぬとしっかり学問させた。

太郎はまじめに励んだ。

ところが九歳のとき、死に目にあうような事件に出くわすのである。麟太郎が通学《つうがく》の帰り道、狂犬《きょうけん》に睾丸《こうがん》をがっぷりかまれ瀕死《ひんし》の重傷《じゅうしょう》を負《お》ったのだ。駆《か》けつけた医者はその有様《ありさま》を見てとても助からぬと絶望視《ぜつぼうし》した。ところが小吉は刀を抜き放ち、医者に死なぬように手当《てあて》せよと迫《せま》り、麟太郎には少しでも泣きわめいたら刺《さ》し殺すぞといって励ました。

必死《ひっし》の手当が終ったあと七十日間、小吉は一日も欠かさず近くの金比羅《こんぴら》神社に参《まい》り全快《ぜんかい》をひたすら祈願《きがん》するとともに、誰にも手を触《ふ》れさせずに包帯《ほうたい》のとりかえなどの介抱《かいほう》（看護《かんご》し世話すること）に尽《つく》し七十夜《しちじゅうや》麟太郎を抱《だ》いて寝た。小吉のこの何《なん》とも名状《めいじょう》しがたい父性愛《ふせいあい》により、麟太郎は九死《きゅうし》に一生《いっしょう》を得《う》るのである。勝小吉はこのような父親であった。

親戚《しんせき》からは厄介者《やっかいもの》扱《あつか》いをされたが、麟太郎はこの父を深く愛した。亡くなってからも麟太郎は肌身《はだみ》に忘れぬ父のこの上ない愛情をいつも思った。麟太郎は実《じつ》にこの父からすべてを享《う》けた。小吉の人並《ひとなみ》はずれた熱気《ねっき》と気魄《きはく》（強い精神力、気力)と情愛《じょうあい》を麟太郎は身《み》をもって受け継《つ》いだのである。勝海舟が史上の偉人として国史《こくし》に不朽《ふきゅう》の名を刻《きざ》むかげにはこのような父がいたのである。海舟や小吉《こきち》の物語を深い愛情をもって綴《つづ》った歴史作家子母沢寛《しもざわかん》は、この親子のことを「父子鷹《おやこだか》」とよんでいる。小吉は「鳶《とび》が鷹《たか》の子を生んだ」と言ったが、小吉もまた「鷹」だったのである。

剣術修業

海舟の人格形成《けいせい》に力あったのは父小吉の存在と学問のほかに、もう一つ剣道《けんどう》がある。剣術修業《しゅぎょう》のあとが蘭学《らんがく》修業だが、蘭学以上に打ちこんだのが剣道であった。十三歳ごろから二十代前半まで約十年間、最初は男谷精一郎《おだにせいいちろう》、十八歳からは島田虎之助《しまだとらのすけ》にも師事《しじ》して火の出るような猛稽古《もうげいこ》をした。島田虎之助は男谷の弟子《でし》だが、当時、男谷を除《のぞ》いて江戸きっての剣道家であり、人物もまたすぐれていた。島田道場は江戸随一《ずいいち》の荒稽古《あらげいこ》で有名だった。島田は海舟を見込《みこ》んで厳しく鍛《きた》え上げた。十九歳の時、早くも男谷精一郎より直心影流《じきしんかげりゅう》の免許皆伝《めんきょかいでん》を受けている。この年から男谷や島田の代稽古《だいげいこ》（師匠《ししょう》の代《かわ》りに稽古《けいこ》をつけること）として江戸の諸藩邸《しょはんてい》に招かれている。この若さですでに超一流の腕に達していたのである。当時のすさまじい稽古ぶりにつき海舟はこうのべている。

「本当に修業したのは剣術ばかりだ。この人（島田虎之助）は世間並《せけんなみ》の撃剣家《げきけんか》（剣道家）とは違うところがあって、始終《しじゅう》『今時《いまどき》みながやり居《お》る剣術は型《かた》ばかりだ。せっかくのことにあなたは真正《ほんとう》の剣術をやりなさい』といっていた。

それからは島田の塾《じゅく》へ寄宿《きしゅく》して自分で薪水《しんすい》の労《ろう》（食物の煮《に》たきをすること）を取って修業した。寒中《かんちゅう》になると島田の指図《さしず》に従《したご》うて、毎日稽古がすむと夕方から稽《けい》古着《こぎ》一枚で、王子権現《おうじごんげん》（向島《むこうじま》の牛島神社《うしじまじんじゃ》）に行って夜稽古《やげいこ》をした。いつもまず拝殿《はいでん》の礎石《そせき》に腰をかけて瞑目沈思《めいもくちんし》、心胆《しんたん》を練磨《れんま》し、しかる後《のち》、起《た》って木剣を振《ふ》りまわし、更《さら》にまた元《もと》の礎石に腰をかけて心胆を練磨し、また起って木剣を振りまわし、こういう風《ふう》に夜明《よあけ》まで五、六回もやって、それから帰って直《す》ぐに朝稽古《あさげいこ》をやり、夕方になるとまた王子権現へ出かけて一日も怠《おこた》らなかった。

ほんに(本当に)この時分《じぶん》には、寒中足袋《かんちゅうたび》もはかず、袷《あわせ》(裏のついている着物)一枚で平気《へいき》だったよ。暑さ寒さなどということは、どんなことやら殆《ほとん》ど知らなかった。ほんに身体《からだ》は鉄同様《てつどうよう》だった。今《いま》にこの年《とし》(七十四歳)になって身体も達者《たっしゃ》で足下《あしもと》も確かに根気《こんき》も丈夫《じょうぶ》なのは、全《まった》くこの時の修業の余慶《よけい》(おかげ)だよ」

このような猛稽古《もうげいこ》が後《のち》の海舟を作り上げるのにどれほど役立ったかはかり知れない。十年間の荒修業《あらしゅぎょう》は海舟を頭だけ、口だけの人間にせず、腹《はら》の人間、胆力《たんりょく》ある人間にした。海舟は蘭学者《らんがくしゃ》としても第一級となるが、蘭学だけでは彼の人物は出来《でき》なかった。それゆえに海舟はこう語るのである。

「(剣術)修業の効《こう》は瓦解《がかい》(徳川幕府の崩壊《ほうかい》)の前後に顕《あらわ》れて、あんな艱難辛苦《かんなんしんく》に堪《た》え得《え》て少しもひるまなかった」

さらにその頃、島田の勧《すす》めで坐禅《ざぜん》も随分《ずいぶん》やった。

「こうして殆《ほと》んど四年間、真面目《まじめ》に修業した。この坐禅と剣術とがおれの土台《どだい》となって、後年大層《こうねんたいそう》ためになった。瓦解の時分《じぶん》、万死《ばんし》の境《さかい》を出入りして遂《つい》に一生を全《まっと》うしたのは、全《まった》くこの二つの功《こう》であった。あの時分、沢山剣客《たくさんけんきゃく》やなんかにひやかされたが（命を狙《ねら》われたこと）いつも手取《てど》りにした（刀を抜かず撃退《げきたい》すること。海舟は生涯《しょうがい》刀を抜いたことがなかった）。この勇気と胆力とは畢竟《ひっきょう》（結局の意）この二つに養われたのだ。危難《きなん》に際会《さいかい》（出会《であ》うこと）して逃げられぬ場合と見たら、まず身命《しんめい》を捨《す》ててかかった。しかして不思議にも一度も死ななかった。ここに精神上の一大作用《いちだいさよう》が存在するのだ。おれはこの人間精神上の作用を悟了《ごりょう》（悟ること）して、いつもまず勝敗の念《ねん》を度外《どがい》に置《お》き、虚心坦懐《きょしんたんかい》（わだかまりがなくさっぱりとした心、無心《むしん》）、事変《じへん》に処《しょ》した（立ち向うこと）。それで小《しょう》にして刺客《しかく》（人殺し）、乱暴人《らんぼうにん》の厄《やく》（災厄《さいやく》、わざわい）を免《まぬか》れ、大《だい》にして瓦解前後の難局《なんきょく》に処《しょ》して、綽々《しゃくしゃく》として（ゆとりのあるさま）余地《よち》を有《たも》った（徳川家の恭順《きょうじゅん》を官軍に認めさせ戦いを回避《かいひ》しえたこと）。これ畢竟《ひっきょう》（つまり、結局）、剣術《けんじゅつ》と禅学《ぜんがく》の二道《にどう》より得来《えきた》った賜《たまもの》であった」

蘭学修業

海舟が蘭学を学びはじめたのは二十一歳ごろで、やはり島田の勧《すす》めであった。

剣術同様その修業はすさまじかった。中でも有名なのが蘭和辞書《らんわじしょ》『ヅーフ・ハルマ』の筆写《ひっしゃ》である。

当時、この蘭和辞書は貴重品《きちょうひん》で数少くしかも値段《ねだん》は何《なん》と六十両（約千八百万円）もする。貧しい海舟には到底《とうてい》買えない。しかしどうしても欲しい海舟はこれを持っている人を聞きつけ、一年間十両の損料《そんりょう》（借《か》り賃《ちん》）で借《か》り出《だ》し、昼夜《ちゅうや》をおかず筆写、一年間で二組《ふたくみ》写《うつ》し取《と》った。一組を三十両で売りそこから損料を払い、一組を手元《てもと》においた。手《て》製《せい》のペンとインクをもって細《こま》かい字で書き写した『ヅーフ・ハルマ』は三千ページ、語数九万余の大冊《たいさつ》である。これを一人でしかも二部書き写した人は海舟以外にない。二十五歳から二十六歳にかけてのことである。この一事《ひとこと》をとってみるだけでも海舟に頭が下《さが》る。海舟は筆写本の巻末《かんまつ》にこう記《しる》している。

勝海舟筆写の『ヅーフハルマ辞書』
（写真提供：東京都江戸東京博物館）

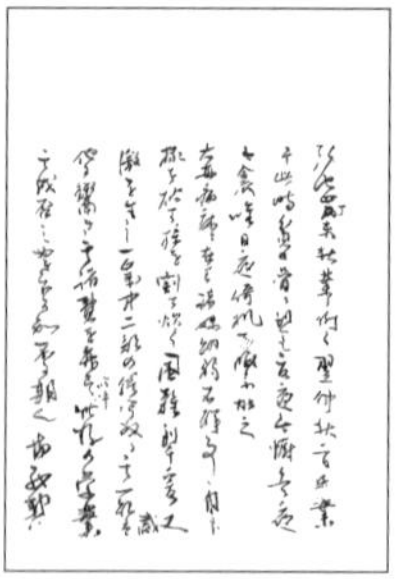
海舟自筆の奥書

「弘化《こうか》四年(一八四七)秋、業《ぎょう》につきて翌仲秋《よくちゅうしゅう》二日終業《しゅうぎょう》。予《よ》(私)この時貧骨《ひんほね》に到《いた》り(貧乏のどん底にあったという意味)、夏夜《かよ》、蚊帳《かや》(蚊を防ぐ細かい網《あみ》のおおい)なく、冬衾《ふすま》(蒲団《ふとん》)なし。唯日夜机《ただにちやつくえ》によって眠る。しかのみならず大母《たいぼ》(海舟の母)病床《びょうしょう》にあり、諸妹幼弱事《しょまいようじゃくこと》を解《かい》せず(何もわからない)。自《みずか》ら椽《たるき》(屋根板などをささえるために、棟《むね》から軒《のき》にわたす木)を破り柱を割《わ》って炊《かし》ぐ(食事の煮炊《にた》きをすること)。困難ここに到《いた》り、又《また》感激を生ず。一年中、二部の謄写《とうしゃ》(書き写《うつ》すこと)なる。その一部は他にひさぎ(売り)、その諸費《しょひ》を弁《べん》ず(損料などを支払うこと)。あゝこの後《ご》の学業《がくぎょう》その成否《せいひ》の如《ごと》き知るべからず、期《き》すべからざるなり(成るか成らぬかについて期待できないこと)。勝義邦記《よしくにしるす》」

当時、海舟は妻帯《さいたい》しており、父母とは別の所に住んでいたが貧窮《ひんきゅう》の極《きょく》にあった。家には破れ畳《だたみ》が二、三枚あるばかり、天井《てんじょう》など燃《も》やせるものはみなはがし薪《たきぎ》に代《か》え、夏に蚊帳《かや》なく冬に蒲団《ふとん》もないというなかで半徹夜《はんてつや》の状態でひたすら筆写に明《あ》け暮《く》れたのである。なんという努力、なんという執念《しゅうねん》であろう。驚嘆《きょうたん》すべき根気《こんき》と忍耐《にんたい》であったが、これまた剣術修業の賜《たまもの》であり、父小吉から受けた血であった。貧窮困苦《ひんきゅうこんく》は決して人間を駄目《だめ》にしない。否《いな》それこそ人間を鍛《きた》え人間を作る。その一つの見本《みほん》・手本《てほん》こそ海舟であった。海舟のこの不屈《ふくつ》の尽力《じんりょく》と「困難ここに到《いた》り又感激を生ず」という言葉は、後世《こうせい》の私達を奮《ふる》い立たせるものがある。

こういうこともあった。ある日書店で五十両もするオランダ語の西洋兵学書《へいがくしょ》を見つけた。海舟はやっとのことで金を工面《くめん》(くふう、やりくり)したところ、ある武士が既《すで》に買済《かいずみ》であった。そこでその武士を尋《たず》ね五十両を揃《そろ》えて譲渡《じょうと》を懇願《こんがん》したが拒絶《きょぜつ》された。やむなく海舟は借用《しゃくよう》を請《こ》うたがこれも断《ことわ》られた。海舟はあきらめずに、就寝中《しゅうしんちゅう》の借覧《しゃくらん》ならよかろうと食《く》い下《さが》った。武士は海舟の執念《しゅうねん》に根負《こんま》けしてこれを許したが、持出《もちだ》しを禁《きん》じ家に来て読むという条件を課《か》した。喜んだ海舟は毎晩通《まいばんかよ》い詰《づ》め、得意技《とくいわざ》を発揮《はっき》して半年間徹夜《てつや》でこれを筆写した。終って書《しょ》中《ちゅう》、疑問《ぎもん》の箇所《かしょ》を質問すると、未《いま》だ全部読み終えていなかったその武士はこれに答えられなかった。ここにおいて武士は海舟に感服《かんぷく》、脱帽《だつぼう》して、「この書は拙者《せっしゃ》(私)よりも貴殿《きでん》(あなた)が所持《しょじ》すべきもの」として譲渡《じょうと》するのである。貧窮困苦《ひんきゅうこんく》をものともせずこれを乗《の》り越《こ》えて行《い》った海舟の若き日々であった。

このような海舟のひたむきの勉学《べんがく》の姿に感動《かんどう》して支援者《しえんしゃ》となった人に、函館《はこだて》の商人渋田利右衛門《しぶたりえもん》がいる。渋田は裕福《ゆうふく》な商人だったが学問好きで、江戸に出てきては一年に何百両もの本を買っていた。その渋田がいつも行く本屋がまた海舟の出入りする本屋で、金のない海舟はいつも立ち読みしていた。本屋の主人《しゅじん》がまた好い人で海舟の好学《こうがく》ぶりに感心《かんしん》し同情《どうじょう》もして、店の本を自由に読ませていた。

その本屋が渋田に、若いが実に偉《えら》いおさむらいがいると海舟のことを話し、これがきっかけで二人は知り合った。渋田もまたすぐれた人物だったから互《たが》いに好《こう》意《い》を寄《よ》せた。数日後、渋田は海舟の家を訪れた。ボロボロの家の破れ畳《だたみ》に坐《ざ》しながら好きな学問の話をしたあと帰り際《ぎわ》、渋田は二百両（約六千万円）という大金《たいきん》を出し、わずかばかりですがどうぞ本代にして下さいと申し出たのである。あまりのことに言葉も出ない海舟に、渋田は「いやそんなにご遠慮《えんりょ》なさらないで下《くだ》さい。こればかりの金はあなたに差《さ》し上《あ》げなくても、直《じき》にわけもなく使ってしまうのですから。それよりはこれであなたが珍《めず》らしい書物を買ってお読みになり、その後《ご》私に送って下されば、何《なに》より結構《けっこう》です」と言った。海舟は感謝感激してその厚意《こうい》を受《う》けた。海舟が長崎へ海軍伝習《でんしゅう》に行くことが決まった時には、わが事《こと》のように喜んでくれた。しかし長崎修業中に渋田は病死した。海舟にとり悔《く》やみきれない生涯《しょうがい》忘れがたい恩人《おんじん》の一人であった。

こうして海舟の蘭学《らんがく》は日増《ひま》しに深まって行き、二十代後半蘭学並びに西洋兵学《へいがく》につき最もすぐれた一人となり二十八歳の時、私塾《しじゅく》を開いた。学舎《がくしゃ》は自宅だが余《あま》りにもひどい家だから、誰いうともなく「ボロ塾《じゅく》」とよばれた。しかし中身《なかみ》は違った。新進気鋭《しんしんきえい》（新しく進み出て勢いが盛んなこと）の勝のボロ塾の名はやがて世間《せけん》に知られ人が集ってきた。

海舟が幕府に登用《とうよう》（採用《さいよう》されること）されるのは三十三歳だが二十数年間、驚くべき気力《きりょく》をもって不撓不屈《ふとうふくつ》の努力を積《つ》み重《かさ》ね、剣術・蘭学とも超一流に達したのである。幕末維新時《ばくまついしんじ》わが国において真《しん》に偉大《いだい》な人物が幾人《いくにん》か出たが、海舟はその中の最もすぐれた一人であったのである。

幕府に登用される――海舟と盟友大久保一翁

蘭学と西洋兵学《へいがく》の少壮《しょうそう》（若くて勢いが盛んなこと）学者勝麟太郎《りんたろう》の名は徐々《じょじょ》に周辺《しゅうへん》に聞《き》こえていったが、海舟が幕府に登用されるきっかけとなったのは西洋式銃砲《じゅうほう》の製作《せいさく》からである。三十歳頃《ごろ》、海舟はある藩からの依頼《いらい》で、蘭書《らんしょ》にもとづいて小銃《しょうじゅう》を造《つく》り上《あ》げたが、その後唐津藩《からつはん》より野戦砲《やせんほう》の注文《ちゅうもん》があった。この時海舟は初めて野戦砲の設計図《せっけいず》をひき、ある鋳物師《いものし》（金属をとかし型に流しこんで製品を造る人）を使ってこの砲を三つ造ることになった。

その時のことだ。鋳物師が五百両（約一億五千万円）もの大金をさし出しどうぞお納《おさ》め下さいという。当時の習慣《しゅうかん》として野戦砲一つ造るのに六百両かかり、それに対して造《つく》り手《て》（鋳物師）がその半分の三百両の礼金《れいきん》をとるのが普通とされた。鋳物師《いものし》はその分《ぶん》から設計者に賄賂《わいろ》（不正の目的で他人に金を贈ること）を贈り、砲身《ほうしん》の圧銅《あつどう》の分量《ぶんりょう》を少なくして粗悪品《そあくひん》を造るのに目をつぶってもらっていたのである。

海舟は激怒《げきど》した。五百両を突《つ》き返《かえ》し、「その金で圧銅の分量を増し精巧《せいこう》な大砲《たいほう》を造り、設計者勝麟太郎の名を汚《けが》すな」と厳重《げんじゅう》に申《もう》し渡《わた》した。鋳物師は誰もがそうする習慣に従ってやったのだが、海舟の一喝《いっかつ》にふるえ上がり平身低頭《へいしんていとう》詫《わ》びを入《い》れた。以後この鋳物師は海舟に心服《しんぷく》するに至《いた》った。

賄賂を突き返したこの話がいつしか世間に伝わり、これに深く感《かん》じ入《い》った人物がいた。それが海舟の終生《しゅうせい》の理解者協力者《りかいしゃきょうりょくしゃ》となった幕臣大久保忠寛《ばくしんおおくぼただひろ》（一翁《いちおう》と号《ごう》す）である。一翁は三河譜代《みかわふだい》（徳川氏発祥《はっしょう》の地、三河国《みかわのくに》以来の家来《けらい》）の上級旗本《はたもと》で、年は海舟の六つ上、時の老中阿部正弘《ろうじゅうあべまさひろ》に抜擢《ばってき》されて要職《ようしょく》にあった。

ある日、一翁は自《みずか》ら海舟のボロ塾を訪《たず》ねた。一見《いっけん》して海舟が非凡《ひぼん》の人傑《じんけつ》であることが分《わか》った。やがて海舟は一翁の推挙《すいきょ》（推薦《すいせん》）で登用《とうよう》されるのである。一翁は最下級の無役《むやく》の貧乏御家人《びんぼうごけにん》に進んで交《まじわ》りを求める謙虚《けんきょ》かつ誠実《せいじつ》にして硬骨《こうこつ》（意志が強く節操《せっそう》を曲げないこと）の士であり、徳川末世《まっせ》の柱石《ちゅうせき》（国家の重責《じゅうせき》を担《にな》う人物）といわれた人物であり海舟にとり最《さい》たる恩人《おんじん》であった。もし波風《なみかぜ》の立たぬ平和な時代であったなら、海舟は国史《こくし》にその名が記《しる》される人物とはならなかったであろう。

2、統一的日本を目指して――幕府本位から日本本位へ

長崎海軍伝習所――日本海軍の曙

幕府に登用された海舟の最初《さいしょ》の仕事はオランダ語の書物の翻訳係《ほんやくがかり》である。時に三十三歳（今日の五十代ぐらい）、地位はいたって軽い。いかに才能があっても身分《みぶん》があまりにも低いから能力にふさわしい仕事をさせてくれないのである。これがペリー来航《らいこう》の二年後である。しかしかつてない国難《こくなん》の時代、いつまでも海舟は放《ほう》っておかれなかった。幕府は押《お》し寄《よ》せる欧米列強《おうべいれっきょう》の強圧《きょうあつ》（強大な圧力）に対し

ていやおうなく国防体制《こくぼうたいせい》を整《ととの》えなければならず、そのため何《なに》より急がれたのは海《かい》軍《ぐん》の建設《けんせつ》である。海から軍艦《ぐんかん》をもって日本を狙《ねら》う敵に対しては、こちらもそれに対抗《たいこう》しうる軍艦と海軍をつくり上げることが喫緊《きっきん》（非常に大切なこと）の課題《かだい》であったのである。

海舟が登用《とうよう》された安政《あんせい》二年（一八五五）、幕府はオランダの協力を得《え》て、長崎に海軍伝習所《かいぐんでんしゅうしょ》を作ることになった。オランダが海軍軍人を派遣《はけん》し海軍の全《すべ》てについて日本人に教えることになったのである。「伝習所」とは、オランダが海軍を伝授《でんじゅ》し日本人がそれを習《なら》う学校という意味である。そこで伝習生《でんしゅうせい》として幕府から四十名、諸藩《しょはん》から数十名あわせて百数十名の優秀《ゆうしゅう》な人材《じんざい》が選ばれた。海舟はその一員に抜擢《ばってき》された。人物・才幹《さいかん》（才能・手腕）並びに蘭学《らんがく》において最もすぐれていた海舟は、伝習生徒監《でんしゅうせいとかん》に任命《にんめい》された。つまり百数十名の学生隊長である。

伝習所長は上級旗本の永井尚志《ながいなおむね》（後に外国奉行《がいこくぶぎょう》、若年寄《わかどしより》）、次いで同じく木村喜毅《きむらよしたけ》（後に軍艦奉行《ぐんかんぶぎょう》）でありともにすぐれた人物であったが、蘭学や海軍については海舟ら伝習生らのような専門的知識と技術はなく名目的《めいもくてき》な監督者《かんとくしゃ》であり、長崎海軍伝習所を双肩《そうけん》に担《にな》って立つ実質的《じっしつてき》責任者は海舟にほかならなかった。この長崎伝習所こそ日本海軍の濫觴《らんしょう》（物事《ものごと》の始まり・起源《きげん》）であり、海舟は日本海軍の建設者、第一人者であったのである。このことはあまり知られていない。明治の日本海軍の初代海軍卿《しょだいかいぐんきょう》（海軍大臣《だいじん》）は海舟であった。長崎海軍伝習所は幾多《いくた》の人材を生み出した。海舟に次ぐ第二代海軍卿・川村純義《かわむらすみよし》（海軍大将《たいしょう》・薩摩）、初代海軍軍令《ぐんれい》部長《ぶちょう》・中牟田倉之助《なかむたくらのすけ》（海軍中将《ちゅうじょう》・肥前）、榎本武揚《えのもとたけあき》（後に海軍卿・幕臣《ばくしん》）、五代友厚《ごだいともあつ》（大阪商工会議所会頭《かいとう》・薩摩）、佐野常民《さのつねたみ》（日本赤十字社創立者《そうりつしゃ》・肥前）等々、伝習所は徳川幕府をこえて近代日本の為に貢献《こうけん》する人材を輩出《はいしゅつ》したのである。

「日本海軍指揮官勝麟太郎」――伝習所の主《ぬし》

こうして海舟の蘭学修業の第二段が始まる。教官《きょうかん》はすべてオランダ人、大半《たいはん》は軍人である。航海《こうかい》、砲術《ほうじゅつ》、造船《ぞうせん》、測量《そくりょう》、天文《てんもん》、数学《すうがく》等の学科において、教官がオランダ語で教授するのを長崎の日本人通訳《つうやく》がそれを訳すという授業である。

朝八時から午後四時まであり、このほかに艦上《かんじょう》(蒸気型軍艦《じょうきがたぐんかん》)での授業がある。入所当時、大半《たいはん》の伝習生はオランダ語の習得《しゅうとく》が出来ていなかった。また通訳にしてもむつかしい専門用語の翻訳《ほんやく》がなかなか正確《せいかく》に出来ない。オランダ語の実力が最も高い海舟でさえ大変でしばらくの間、全員地獄《じごく》の苦しみを味《あじ》わう思いがしたが、みな必死の努力を重ねたから数ヵ月たつとようやく授業についてゆけるようになるのである。

生徒監《せいとかん》の海舟は無論《むろん》誰よりも真剣《しんけん》に学んだ。それだけではなかった。オランダ人教官《きょうかん》と伝習所及び伝習生との間には、人種も言葉も生活習慣も全《まった》く異《こと》なるのだから、一緒《いっしょ》にいるととかく種々《しゅじゅ》の問題が起きることは避《さ》けがたい。そうした時、両者の間に立って意志の疎通《そつう》(さわりなく通ずること)をはかり周旋《しゅうせん》(世話をすること、取り持ち)する人物が必要となる。伝習所長はオランダ語ができないから、その役割を担《にな》い大小様々な問題を解決したのが生徒監の海舟であった。教官たちは海舟を深く信頼し事《こと》あるたびに相談したが、海舟はいつも適切《てきせつ》に難《なん》なく処《しょ》理《り》した。海舟は物事の処理能力、交渉《こうしょう》、折衝《せっしょう》能力においてもすぐれた手腕を発《はっ》揮《き》した。海舟は学問的才能のみならず、政治的外交的実務《じつむ》的能力をもあわせ持つとび抜けた仕事師《しごとし》でもあった。海舟の存在は伝習所において一時《いっとき》も欠かせぬものとなるのである。

二年間はまたたくまに過ぎた。伝習所第一期生は課業《かぎょう》を終え江戸や各藩《かくはん》に戻《もど》るわけだが、この時オランダ人教官も全員帰国して新しい教官と交代《こうたい》し第二期生を教えることになる。そうすると新任教官と新しい伝習生（第二期生）がまた同じ労《ろう》苦《く》を繰返《くりかえ》さなければならない。そこでオランダ側は海舟に残留《ざんりゅう》を求めるのである。海舟さえいてくれれば万事《ばんじ》なめらかに進捗《しんちょく》（すみやかにはかどること）するからである。こうして海舟はさらに二年留《とど》まることになる。全《まった》く海舟は長崎伝習所の実質的《じっしつてき》な主人公であったのである。

海軍につき習熟《しゅうじゅく》した三年目のある時、海舟は伝習生とともに遠洋《えんよう》に航海《こうかい》、天草《あまくさ》に上陸、ある寺で宿泊《しゅくはく》した際《さい》、その部屋の柱に墨痕淋漓《ぼっこんりんり》（筆《ふで》の墨跡《すみあと》が鮮《あざ》やかなこと）と「日本海軍指揮官《しきかん》勝麟太郎《りんたろう》」と大書《たいしょ》した。三十五歳の時だが、日本海軍を背負《せお》って立つ海舟の自負《じふ》（自らたのむところがあること。自信。誇り）が溢《あふ》れている。

航海訓練はオランダ人教官の指導・監督のもとに行われたが、ある時、海舟は伝習生だけの遠洋航海を申し出た。教官はこれを危《あや》ぶんだが、海舟は強《し》いてこれを請《こ》い許可されて意気揚々《いきようよう》と出航《しゅっこう》した。しかし途中《とちゅう》、暴風雨《ぼうふうう》に遭《あ》い船は坐礁《ざしょう》、あわや遭難《そうなん》の危機《きき》に陥《おちい》ったが必死《ひっし》の努力で辛《かろ》うじて切り抜けることが出来た。海舟は以後、航海で幾《いく》たびか九死《きゅうし》に一生の経験をするがその第一回であった。戻《もど》った海舟は教官に自らの過《あやま》ちを詫《わ》びたところ、教官は微笑《びしょう》してこう言った。

「今日より後《のち》、船の運転《うんてん》はあなたにまかせましょう。大体《だいたい》、教室での伝習がいかに習熟《しゅうじゅく》したといっても、海上で危険にあうのは十度が十度みな違い一様《いちよう》ではない。どうしてそれを口頭《こうとう》で伝えることができましょう。一度生死《いちどせいし》の際《きわ》にあって、その苦境《くきょう》の中で自得《じとく》するものです」

この教官が後年《こうねん》、オランダの海軍大臣となるカッテンディーケ中佐《ちゅうさ》で、彼は海舟を深く信頼《しんらい》し敬愛《けいあい》した。カッテンディーケは海舟についてこうのべている。

「艦長役《かんちょうやく》の勝氏はオランダ語をよく解《かい》し、性質《せいしつ》も至《いた》って穏《おだ》やかで明朗親切《めいろうしんせつ》であったから、皆同氏《みなどうし》に信頼を寄せていた。それゆえどのような難問題《なんもんだい》でも彼が中に入《はい》ってくれればオランダ人も納得《なっとく》した」

任終《にんお》えた時、さらにこうのべている。

「私は汽船《きせん》ナガサキ号に乗って艦長勝麟太郎《りんたろう》を見送ったが、この尊敬すべき日本人とはおそらく二度と会う折《おり》もあるまい。私は同人《どうにん》をただに誠実《せいじつ》かつ敬愛《けいあい》すべき人物と見るばかりではなく、また実《じつ》に革新派《かくしんは》の闘士《とうし》と思っている。要《よう》するに私は彼を幾多《いくた》の点において尊敬している」

その後、海舟は何度も遠洋航海を試《こころ》み、海軍軍人、海軍指揮官《しきかん》としての腕を磨《みが》きに磨いた。四年目には薩摩《さつま》を訪《おとず》れ、英名《えいめい》(すぐれた名前)一世《いっせい》に高い島津斉彬《しまづなりあきら》(『日本の偉人物語4』参照)に会った。斉彬は幕末《ばくまつ》三百藩切っての名君《めいくん》として薩摩藩の根本的革新《こんぽんてきかくしん》に全力を尽《つく》していたが、当時の日本の困難《こんなん》な時局《じきょく》について最も正しく見抜《みぬ》いていた最大の先覚者《せんかくしゃ》の一人であった。斉彬は幕府海軍の実質的《じっしつてき》な総司《そうし》令官《れいかん》である海舟の訪問《ほうもん》をいたく喜び、全《まった》く格式《かくしき》にこだわらず(身分《みぶん》は斉彬がはるかに高い)、いまだ無位無官《むいむかん》の地位の低い海舟を手厚《てあつ》くもてなした。斉彬は海舟の人物を誰よりも認め、「今後《こんご》、国事《こくじ》(国家の重要問題)に関係あるものは書簡《しょかん》をもってあなたに相談《そうだん》します」と、その後《ご》しばしば手紙を寄せた。海舟は斉彬の殊遇《しゅぐう》（特別な待遇《たいぐう》）に感激し、斉彬に期待《きたい》するところ大《だい》であったが、わずか四ヵ月後、斉彬は急逝《きゅうせい》した。幕府の人間よりも深く自分を認めてくれたこの得《え》がたい知己《ちき》の死に、海舟は「皇国《こうこく》の一大不幸《いちだいふこう》」と悲嘆《ひたん》した。

初めて海外へ出る――咸臨丸渡米

三十七歳の時、海舟は海軍伝習所の任務《にんむ》を終え江戸に戻《もど》り（伝習所は井伊直弼《いいなおすけ》により廃止された）、築地《つきじ》に開設された海軍操練所《そうれんしょ》の教授方頭取《きょうじゅがたとうどり》に任命《にんめい》された。翌万延元年《よくまんえんがんねん》（一八六〇）、咸臨丸《かんりんまる》が太平洋を渡りアメリカに行くが、海舟は咸臨丸の艦長《かんちょう》を勤《つと》めた。この役目の最適任者《さいてきにんしゃ》は海舟以外にありえなかった。この年正月に出航《しゅっこう》したが、二十年に一度という暴風雨《ぼうふうう》と怒濤《どとう》の中で乗組員たちは船酔《ふなよ》いに苦しめられた。太平洋を横断《おうだん》するには技量《ぎりょう》（うでまえ）と経験《けいけん》が未《いま》だ不足していたから、一ヵ月余りの航海は難行苦行《なんぎょうくぎょう》そのものであった。

咸臨丸（出典：『万延元年遣米使節図録』国立国会図書館）

出航《しゅっこう》準備に全力を尽《つく》した海舟は無理に無理を重《かさ》ねたため、出発数日前から体をこわし熱病《ねつびょう》にかかった。しかしどうしてもアメリカを見たかったので高熱《こうねつ》を押《お》して出かけた。だが熱は下《さ》がらず全《まった》く起き上がれず絶食《ぜっしょく》状態が長らく続くという辛《しん》苦《く》を味わうのである。日記にこう記している。

「我《われ》十日前より風邪《かぜ》腹痛《ふくつう》ありしが、出帆前《しゅっぱんまえ》多《た》事《じ》なるを以《もっ》て病《やまい》を養うの暇《いとま》なく勉強《べんきょう》し（無理をすること）今日に到《いた》りしに、この風濤《ふうとう》（風と波）に当《あた》りて発熱苦悩《はつねつくのう》甚《はなはだ》しく……」

海舟は航海の大半、船上《せんじょう》に出られず艦長室の寝床《ねどこ》から離れられず、食事もまともにとれなかったのである。艦長としての任務をほとんど果《はた》すことの出来ない状態《じょうたい》に陥《おちい》り、その言《い》い様《よう》のない苦しみとつらさに死を思ったほどであった。そこで病床《びょうしょう》の海舟を助けて艦長の代理《だいり》をしたのがアメリカ海軍のブルック大尉《たいい》である。ブルックは米国海軍測量《そくりょう》船の船長だったが事故で乗艦《じょうかん》を失い横浜に滞在中のところ、咸臨丸《かんりんまる》に同乗《どうじょう》して帰国することになった。ブルックは太平洋を何度も航海している経験豊かな船長であったから、見るに見かねて協力を申し出たのである。帰路《きろ》は南回りのゆるやかな航路で、体調《たいちょう》を回復《かいふく》した海舟の指揮《しき》で五月七日、無事《ぶじ》帰国した。

咸臨丸渡米《とべい》は海舟にとり終生《しゅうせい》忘れがたい経験となった。重病のためとはいえ往路《おうろ》、艦長の任務を果《はた》しえなかったことは死にまさる苦痛《くつう》であった。しかしこうした数々の経験が勝海舟という人物を鍛《きた》え上げたのである。海舟は素質・才能において万人に抜きん出ていたが、それだけではごくふつうの秀才で終り、国史上の偉人には決してなりえなかったであろう。幾度《いくたび》も命にかかわるような筆舌《ひつぜつ》に尽《つく》しがたい艱難辛苦《かんなんしんく》、挫折《ざせつ》、逆境《ぎゃっきょう》を経験しそれらに耐《た》え抜《ぬ》いて稀有《けう》の人傑《じんけつ》(傑《すぐ》れた人物)になりえたのである。

海舟らは五十日間、サンフランシスコに滞在《たいざい》、当地のアメリカ人に歓迎《かんげい》された。その間《かん》、海舟は連日あちこちを見学、余念《よねん》なく(一心にという意)アメリカという国家社会をむさぼるように観察《かんさつ》した。

帰国後、老中一同《ろうじゅういちどう》に挨拶《あいさつ》したとき、ある老中から感想を聞かれた。海舟は「アメリカとて別に変った所はありません」とすげなく（愛想《あいそう》がないこと）答えた。老中は「そんなことはあるまい」と再度《さいど》問うた。そこでこう言った。

「さよう、少し目につきましたのは、アメリカでは政治家でも民間《みんかん》でもおよそ人の上に立つ者はみなその地位相応《そうおう》に利口《りこう》でございます。この点ばかりは全《まった》くわが国と反対のように思います」

すると老中は目を丸くして、「この無礼者《ぶれいもの》、控《ひか》えおろう」と叱《しか》りつけた。渾身《こんしん》（全身）これ知恵と胆力《たんりょく》の塊《かたまり》でありひときわ鋭敏《えいびん》な知性《ちせい》と批判精神《ひはんせいしん》の持主だから、当時から明治にかけて少なくなかった西洋心酔者《しんすいしゃ》のように何もかも西洋がすぐれていると思いこんだりはしない。しかし当時の日本と西洋を比べて日本に何が欠けているかを海舟は明確に察知《さっち》した。

その一つが科学技術のほか政治の在《あ》り方であった。幕府と藩による封建体制《ほうけんたいせい》が欧米《おうべい》の近代的統一的な政治体制と比べて、今日の危機的な時代に適切《てきせつ》に対応《たいおう》し得《え》ない制度であり、加《くわ》えて士農工商《しのうこうしょう》の厳重《げんじゅう》な身分制度《みぶんせいど》がいかに有能《ゆうのう》な人材の登用《とうよう》を阻《はば》む時代遅れのものであるか、わが身《み》を通《とお》して痛感《つうかん》したのである。海舟は本来《ほんらい》ならば幕府海軍の最高位《さいこうい》に立つべき手腕《しゅわん》をもつ人物であるが、元《もと》の身分《みぶん》が低いというだけで才能にふさわしい地位を与えようとしない、海舟から見るとはなはだ力量不足《りきりょうぶそく》の老中《ろうじゅう》に痛烈《つうれつ》な皮肉《ひにく》を浴《あ》びせたのである。

それまで約三十年間、文武両道《ぶんぶりょうどう》の研鑽《けんさん》と海軍の修業そして外国見聞《けんぶん》を通して海舟の心中《しんちゅう》に形成《けいせい》されていったものは、結局幕府とか藩という狭苦《せまぐる》しい枠《わく》、身分の束縛《そくばく》(たばねしばること)を越《こ》えた統一的《とういつてき》日本への志向《しこう》であった。海舟は高く広い視野《しや》から日本という国家を一つに捉《とら》えることができた稀有《けう》の幕臣《ばくしん》であり、超凡《ちょうぼん》の先覚者《せんかくしゃ》の一人になっていたのである。

神戸海軍操練所――「一大共有の海局」

海舟の渡米中《とべいちゅう》、国内情勢《じょうせい》は激《はげ》しく揺《ゆ》れ動き、大老井伊直弼《たいろういいなおすけ》が暗殺《あんさつ》された。安《あん》政《せい》の大獄《たいごく》という専制独裁《せんせいどくさい》の暴政《ぼうせい》(暴虐《ぼうぎゃく》な政治)の報《むく》いを受けたのである。文久《ぶんきゅう》二年(一八六二)幕府はようやく幕政改革《ばくせいかいかく》に着手《ちゃくしゅ》、英明《えいめい》(すぐれて賢いこと)の名の高い一橋慶喜《ひとつばしよしのぶ》(後の徳川慶喜)を将軍後見職《しょうぐんこうけんしょく》、親藩大名筆頭《しんぱんだいみょうひっとう》の松平慶永《まつだいらよしなが》(越前《えちぜん》)を老中《ろうじゅう》の上に立つ政事総裁職《せいじそうさいしょく》に任《にん》じた。こうした一連《いちれん》の動きの中で、海舟は軍艦奉行並《ぐんかんぶぎょうなみ》(翌年軍艦奉行)に任命《にんめい》された。ようやく能力に見合《みあ》う地位に一歩近づいたのである。海舟の上には軍艦奉行、さらにその上の最高地位が海軍奉行《かいぐんぶぎょう》である。海軍奉行も軍艦奉行も海軍についてほとんど無知《むち》の身分の高い幕臣《ばくしん》である。海舟は我《われ》こそ海軍奉行になるべき最適任者《さいてきにんしゃ》と自負《じふ》していたから、幕府首脳《ばくふしゅのう》のやり方に不《ふ》平満々《へいまんまん》であったのである。二百数十年の平和にあぐらをかいてきた幕府の体制は、そう簡単に切り変るものではなかった。

軍艦奉行並に進んだものの、海軍建設は遅々《ちち》たる有様《ありさま》であった。老中以下海舟に至《いた》る高級役職にある者が一同《いちどう》に会《かい》してしばしば協議《きょうぎ》したが、ほとんどが海軍について無知同然《むちどうぜん》だから何度《なんど》会議をやっても不毛《ふもう》(成果《せいか》がないこと)であった。海舟はいくら議論《ぎろん》を重《かさ》ねても無駄《むだ》なので、そこで思いついたのが実物教育《じつぶつきょういく》である。

第十四代将軍家茂《いえもち》の上洛《じょうらく》(京都に上《のぼ》ること)を海路《かいろ》にて行い、将軍と随従《ずいじゅう》する老中らを目覚《めざ》めさせようと企《くわだ》てるのである。ところが老中らは猛反対した。何万人という幕臣《ばくしん》を随《したが》え堂々と陸路《りくろ》を進むのが旧例《きゅうれい》であったし、何より海路は危険という理由からだ。軍艦で陸路の何分の一かの日数で行けるのにもかかわらず、また欧米列強が万里《ばんり》の波濤《はとう》を越えて軍艦で乗りつけ日本をさんざん脅《おど》しまくっているこの時、老中らは将軍の海路上洛の可否《かひ》をめぐって甲論乙駁《こうろんおつばく》(あれこれと言うこと)、結局陸路上洛となった。海舟は全《まった》くあきれかえるのである。

しかしとうとう機会が到来《とうらい》した。文久《ぶんきゅう》三年(一八六三)既《すで》に上洛していた将軍家茂が大坂湾の視察《しさつ》のため、海舟の指揮《しき》する軍艦に乗ることになった。時に家茂十八歳、紀州《きしゅう》徳川家より第十四代将軍となったが、幕末の困難な時局《じきょく》を乗り切るには余りにも荷《に》が重すぎ三年後に病死する。しかし家茂は前将軍家定《いえさだ》のような暗君《あんくん》(愚《おろ》かな君主)ではなかった。この願ってもない将軍の乗艦中、海舟は海軍建設の急務《きゅうむ》を力説《りきせつ》し、かねて胸中《きょうちゅう》に抱《いだ》いていた神戸海軍操練所《こうべかいぐんそうれんじょ》の建設を直接《ちょくせつ》願い出た。何を言っても埒《らち》が明《あ》かない(きまりがつかないこと)老中らを飛びこえて将軍への直訴《じきそ》であった。全《まった》く異例《いれい》のことだが家茂は即座《そくざ》にこれを許すのである。

幕府の海軍操練所は既に築地《つきじ》に設けられていたが、海舟がこれとは別に神戸に操練所を作ろうとしたのは理由があった。それは築地操練所が幕府の権力を強化するためだけの幕府本位《ばくふほんい》(幕府を中心とすること)の海軍であり、その閉鎖主義的《へいさしゅぎてき》なあり方に不満であったからである。それは海舟の考える「日本の海軍」の構想《こうそう》に相反《あいはん》するからであった。海舟の海軍建設における基本的考えはまず人材《じんざい》の育成《いくせい》が第一であり、そのためには幕府と藩の垣根《かきね》を越《こ》えて両者が協力《きょうりょく》し合い、しかも士農工商《しのうこうしょう》の身分《みぶん》に関係なく能力本位で人物を選び教育するというものであった。

つまり海舟の目指《めざ》したものは幕府と藩を区別せず身分の差も問わない挙国一致《きょこくいっち》の日本海軍の建設であり、彼の言葉でいうと「一大共有の海局《いちだいきょうゆうのかいきょく》」であった。長崎の海軍伝習所は規模《きぼ》は小さかったが諸藩《しょはん》の有志《ゆうし》の入所《にゅうしょ》を許した。しかし大老《たいろう》井伊《いい》はこれを潰《つぶ》した。築地の操練所は幕臣のみの閉鎖的なものであった。海舟の心中《しんちゅう》には常に幕府と藩をこえた「一つの日本」「統一的日本」が確固《かっこ》として存在した。一つの日本、統一的日本を築き上げて日本の独立を堅持《けんじ》する上に必須《ひっす》不可欠(なくてはならなぬもの)のものが、挙国一致の「一大共有の海局」であったのである。海舟の高大《こうだい》な視野《しや》に立つ見識《けんしき》と抱負《ほうふ》(心に抱《いだ》いている考え、覚悟《かくご》)がいかに並はずれてすぐれたものであったことであろうか。

神戸海軍操練所《こうべかいぐんそうれんじょ》が開設《かいせつ》されるや、幕臣《ばくしん》だけではなく諸藩《しょはん》から続々《ぞくぞく》人が集まってきた。武士以外の身分《みぶん》の者も入所《にゅうしょ》できた。愛弟子《まなでし》坂本龍馬《さかもとりょうま》はこれらの人々のとりまとめ役として尽力《じんりょく》した。後世《こうせい》名をあげた人としては、陸奥宗光《むつむねみつ》(外相)、伊東祐亨《いとうゆうこう》(日清戦争時の連合艦隊司令長官《しれいちょうかん》、日露戦争時の海軍軍令部長《ぐんれいぶちょう》)らがいる。

こうして海舟の長年の夢が実現しかけたと思われた途端《とたん》、翌元治元年《よくげんじがんねん》(一八六四)十一月、海舟は軍艦奉行を罷免《ひめん》されて失脚《しっきゃく》、翌慶応《けいおう》元年(一八六五)、神戸海軍操練所は廃止《はいし》の憂目《うきめ》を見る。結局、幕府首脳《しゅのう》は海舟の遠大《えんだい》な海軍構想《こうそう》を理解できず、薩摩《さつま》や土佐《とさ》始め諸藩《しょはん》の若者(その中には尊皇攘夷《そんのうじょうい》、倒幕派《とうばくは》の人々がいた)を数多くかかえる海舟を、何か陰謀《いんぼう》でも企《たくら》む危険人物《きけんじんぶつ》と見なし猜疑《さいぎ》(疑うこと)したのである。海舟の失望落胆《しつぼうらくたん》は深かった。海舟はいよいよ徳川幕府が祖国日本の危機・国難を打開する力は露《つゆ》ほどもないことを痛切《つうせつ》に思い知らされたのがこの頃である。このあと幕府が滅亡するまでの約三年間、海舟は幕府首脳から危険視され続け厄介者扱《やっかいものあつか》いされ冷遇《れいぐう》されるのである。世の行先《ゆくさき》を見つめる先覚者《せんかくしゃ》・先駆者《せんくしゃ》ともいうものがいかにその時代の人々に理解されないかの一見本が海舟であった。

海舟と西郷・龍馬

勝海舟が稀有《けう》の人物であることを理解した人物は幕臣《ばくしん》ではなく、諸藩《しょはん》のすぐれた人物である。その双璧《そうへき》（二つの光り輝く玉）が西郷隆盛《さいごうたかもり》と坂本龍馬である。

海舟と龍馬の出会いについてはすでにのべた（『日本の偉人物語1』）。龍馬は海舟に出会いこの上なき師を得られた悦びを、姉の乙女《おとめ》に手紙でこうのべている。

「人間の一生は思い通りにはゆきません。運の悪い者はささいなことで命を失います。それに比べて私は運が強く死ぬような場面が何度かありましたが命を失わず、死のうと思ったことさえありましたが、また生きねばならんことになりました。今では日本第一の人物勝麟太郎《かつりんたろう》という人の弟子となり、毎日海軍の修業に精《せい》を出しております。国のため天下のために力を尽《つく》しております。どうかお悦び下さい」

土佐《とさ》を脱藩《だっぱん》した尊皇攘夷《そんのうじょうい》の志士《しし》坂本龍馬《りょうま》は海舟を「日本第一の人物」と仰《あお》ぎ慕《した》い、明治維新の成就《じょうじゅ》において不朽《ふきゅう》の働きをした。海舟は初対面《しょたいめん》で龍馬を気《き》に入《い》り、特別に親愛《しんあい》した。海舟の日記に龍馬の名前が最初に記《しる》されたとき、「龍馬子《し》、来《きた》る」とある。「子」というのは相手を尊敬して使う言葉（たとえば孔子《こうし》など）だが、十二も年下の龍馬を傑出《けっしゅつ》した人物と認めて単なる弟子《でし》扱《あつか》いにはしなかったのである。

西郷と会ったのは元治元年《げんじがんねん》（一八六四）秋、軍艦奉行を罷免《ひめん》（やめさせられること）される二ヵ月前である。海舟はその頃、幕府体制とその政治は致命的欠陥《ちめいてきけっかん》をはらんでいることを痛感《つうかん》していた。最終的《さいしゅう》に日本をインド・清《しん》のごとく植民地《しょくみんち》・従属国《じゅうぞくこく》にしようと狙《ねら》う欧米列強《おうべいれっきょう》に対抗《たいこう》して独立を堅持《けんじ》する道は、いかにして国内を一つにまとめ上げてゆくかにあり、結局《けっきょく》それは幕府と約三百の諸藩よりなる封建的《ほうけんてき》・分権的《ぶんけんてき》な国内体制、対外問題に対する幕府専断《せんだん》の体制を改め、真《しん》に挙国《きょこく》一致《いっち》の統一的日本を作り上げることが急務《きゅうむ》であることを誰よりも深く真剣に考えていたのが海舟である。徳川幕府の政治はどこまでも徳川本位《ほんい》の利益を第一とする「私《わたくし》」の政治であり、日本本位・日本全体のためを考える「公《おおやけ》」の政治ではなかった。幕府には日本の国難を救済《きゅうさい》する力は全《まった》くない。今日の日本の危機を救うためには「外藩《がいはん》（外様大名《とざまだいみょう》）、譜代《ふだい》（大名）に限らず賢《けん》（賢明《けんめい》な人物）を選び」「大いに言路《げんろ》を開き（意見を自由に発表させること）天下とともに公共《こうきょう》の政《まつりごと》（政治）を為《な》す」というのが海舟の基本的考えであった。海舟は西郷に幕府の衰退《すいたい》ぶり、とっくに屋台骨《やたいぼね》が腐《くさ》り果《は》てた現状《げんじょう》を包《つつ》まず暴露《ばくろ》（あばき出すこと）すると同時にこの持論《じろん》を語ったのである。

この年、二人が会う少し前に禁門《きんもん》の変が起こり第一次長州征伐《ちょうしゅうせいばつ》が開始されようとしていた時である。薩摩《さつま》と長州は対立抗争《たいりつこうそう》していたが、海舟は遠く将来を見《み》詰《つ》め、薩摩・長州らの雄藩連合《ゆうはんれんごう》による国難克服《こくなんこくふく》という今後の方向性《ほうこうせい》を熱心に説いた。思いもかけぬ幕臣《ばくしん》海舟のこの話に西郷は心中《しんちゅう》深く悟《さと》るところがあった。この二年後に薩長同盟《さっちょうどうめい》が成立する。この会見《かいけん》は西郷にとり最も有益《ゆうえき》であった。会見後、大久保利通《おおくぼとしみち》に出した手紙でこうのべている。

「勝氏へはじめて面会《めんかい》つかまつり候《そうろう》ところ、実《じつ》に驚きいり候人物にて、最初《さいしょ》打《う》ちたたく（意見をのべて海舟をへこませようとするという意味）つもりにてさし越《こ》し候ところ、とんと（まったく、すっかり）頭を下《さ》げ申し候。どれだけ智略《ちりゃく》（智恵と策略《さくりゃく》・策謀《さくぼう》）これあるやら知れぬあんばい（様子《ようす》という意味）に見うけ候。まず英雄肌合《はだあい》の人にて佐久間《さくま》（象山《しょうざん》）より事《こと》の出来《でき》候（佐久間より手腕《しゅわん》が上という意味）儀《ぎ》は、一層《いっそう》も越《こ》え候《そうら》わん。学問と見識《けんしき》において佐久間抜群《ばつぐん》の事《こと》に御座《ござ》候えども、現事《げんじ》（実際の行動・手腕力量《りきりょう》という意味）に候てはこの勝先生にひどくほれ申し候」

　西郷は初対面《しょたいめん》で海舟の見識に驚嘆《きょうたん》し「とんと頭を下げ」て脱帽《だつぼう》、その人物に酔《よ》うがごとく惚《ほ》れこんだのである。当時、学問・見識において第一の人物とされたのは幕末の生んだ一大天才・佐久間象山だが、海舟は象山に劣らぬ学問・見識のみならず類《たぐ》いなき手腕・実行力を持つ当世《とうせい》第一の人物と絶讃《ぜっさん》したのである。当時第一の人傑《じんけつ》と見なされた者こそ西郷だが、西郷は海舟を自分以上の人物と認めたのである。西郷の長所《ちょうしょ》の一つは、すぐれた人物に出会うと即座《そくざ》に（すぐに）その人物の偉さを見抜き、その人物に惚《ほ》れこんでしまうことである。人には七癖《ななくせ》ありというが、これが西郷の最良の「癖《くせ》」であった。一方海舟は西郷をどう見たか。「西郷と面会《めんかい》したら、その意見や議論はおれの方が優《まさ》るほどだったけれども、いわゆる天下《てんか》の大事《だいじ》を負担《ふたん》する（担《にな》うこと）のは果《はた》して西郷ではあるまいかと、またひそかにおそれたよ」

晩年《ばんねん》こうも語っている。

「おれはこれほどの古物《こぶつ》（この時七十代）だけれども、しかし今日までに西郷ほどの人物は二人と見たことがない。どうしても西郷は大きい。……一向《いっこう》その奥行《おくゆき》が知れない（限りなく奥深いこと）」

人物・学問・見識・手腕においてほとんど並ぶ者のなかった海舟は自己の才幹《さいかん》（才能、手腕）に絶対の自信をもっていたから、内心《ないしん》自分に優《まさ》る人物はいないと思い他人を称賛《しょうさん》することはめったになかったが、唯一《ゆいいつ》の例外《れいがい》が西郷であった。

こうして海舟と西郷は初対面で互《たが》いに大人物と認め合い肝胆相照《かんたんあいて》らすのである。この両巨人の出会いが結局明治維新成就《じょうじゅ》の礎《いしずえ》となったのである。

3、西郷との談判――江戸無血開城

フランスと結託した幕府の過ち

海舟が軍艦奉行《ぐんかんぶぎょう》をやめさせられて冷飯《ひやめし》を食わされていた間、時勢《じせい》は急転《きゅうてん》しつつあった。海舟不在《ふざい》の幕府は迷走《めいそう》（間違った方向に進むこと）し破滅《はめつ》の道を突き進んだ。幕府の命取《いのちと》りとなったのが、高杉晋作《たかすぎしんさく》（『日本の偉人物語5』）のところでのべた長州再征《ちょうしゅうさいせい》（長州では四境戦争《しきょうせんそう》とよんだ）である。

幕府は自《みずか》ら墓穴《ぼけつ》を掘《ほ》る（破滅の道をえらぶこと）ことになった長州再征をなぜ行っ

たのか。その理由は幕府の指導者に天下《てんか》の大勢《たいせい》を見る目を持つ人物がいなかったことにつきる。唯《ただ》一人海舟がいたが、無用《むよう》の存在としてお払《はら》い箱《ばこ》であった。幕府首脳《しゅのう》は徳川の天下《てんか》は永遠不滅《えいえんふめつ》と信じ、わが国未曾有《みぞう》の危機《きき》を幕府の力だけで乗り切ってゆけると過信《かしん》し夢想《むそう》していた。時に幕府を牛耳《ぎゅうじ》っていた実力者は勘定奉《かんじょうぶ》行《ぎょう》小栗忠順《おぐりただまさ》だが、小栗らは当時幕府に深く食《く》いこみ実質的に幕政《ばくせい》の最高顧問《こもん》であったフランス駐日公使《ちゅうにちこうし》と固《かた》く結び、幕府権力の強化《きょうか》を企《くわだ》てていた。海舟はこうのべている。

「小栗は長州征伐《ちょうしゅうせいばつ》を奇貨《きか》（利益を得《う》る品物・機会の意味）として、まず長州を斃《たお》し（倒し）次に薩州《さっしゅう》（薩摩《さつま》）を斃して幕府の下《もと》に郡県制度《ぐんけんせいど》を立てようと目論《もくろ》んで、フランス公使レオン・ロッシュの紹介《しょうかい》でフランスから銀《ぎん》六百万両と年賦《ねんぷ》（一年ごとに分割《ぶんかつ》して支払うこと）で軍艦数隻を借り受ける約束をしたが、これを知っていたものは、慶喜殿《よしのぶどの》ほか閣老《かくろう》（老中《ろうじゅう》）を始め四・五人に過ぎなかった」

小栗らの考えはこうだ。日本の政治は従来通《じゅうらいどう》りあくまで幕府中心で行うべきであり、天皇・朝廷《ちょうてい》は幕府に政治を委任《いにん》（まかせること）しているのだから余計《よけい》な干渉《かんしょう》・介入《かいにゅう》(口や手を出すこと)をすべきではない。いわんや長州や薩摩がかれこれ口を出すのはもってのほかである。そこでこの長州《ちょうしゅう》再征《さいせい》を機《き》に一気《いっき》に長州を討《う》ち滅《ほろ》ぼし、次いで薩摩を撃《う》ち藩を全廃《ぜんぱい》して封建制《ほうけんせい》から郡県制《ぐんけんせい》に替《か》え、幕府中心の強力な中央集権国家をつくろうとするものであった。そのためにフランスと深く提携《ていけい》(協同《きょうどう》して事を行うこと)しその支援《しえん》を受け多額の金や軍艦を借りようとしたのである。

つまり幕府を絶対的存在とする「幕府本位《ばくふほんい》」である。この小栗《おぐり》らの恐るべき企図は、幕府あるを知って天皇・日本あるを知らぬ致命的《ちめいてき》過《あやま》ちであった。天皇・朝廷《ちょうてい》を仰《あお》ぎ戴《いただ》いての挙国一致体制《きょこくいっちたいせい》を真向《まっこう》から否定するのみならず、日本をやがて隷属国化《れいぞくこくか》せんと狙《ねら》うフランスに過度《かど》に傾斜《けいしゃ》した亡国《ぼうこく》の道であった。この幕府の策謀《さくぼう》を誰よりも憂慮《ゆうりょ》したのが海舟である。海舟はこれを「亡国《ぼうこく》の小策《しょうさく》」として老中《ろうじゅう》板倉勝静《いたくらかつきよ》にフランスから借金することに猛反対して強く諫言《かんげん》した。

「大邪《だいじゃ》(心が最も邪悪《じゃあく》な者・小栗忠順《ただまさ》ら)既に金をフランスに借《か》るの策《さく》あり。かくのごとくなるは彼が術中《じゅっちゅう》(策略《さくりゃく》)に陥《おちい》り国家の瓦解《がかい》(滅亡の意味)日を卜《ぼく》して察《さっ》すべし

（必ずそうなることを洞察《どうさつ》すべしとの意味）」

しかし板倉は聞き入れなかった。板倉も小栗の一味同類《いちみどうるい》（仲間）だったのである。また長州再征論者であった一橋慶喜《ひとつばしよしのぶ》（当時、京都守護職《しゅごしょく》）は、このとき小栗らが推進《すいしん》するフランスと結託《けったく》（ぐるになること）しての幕府強化策《きょうかさく》に完全に同調《どうちょう》していた。海舟は全《まった》く一人孤立《こりつ》していたのである。

海舟はこう思った。幕府がフランスに頼り長州や薩摩を討とうとするなら、自然フランスと対抗《たいこう》しているイギリスは薩長《さっちょう》を支援《しえん》するだろう。事実イギリスは薩長に接近中《せっきんちゅう》であった。その結果同胞相争《どうほうあいあらそ》いともに倒《たお》れ、そのとき日本は英仏ら外国により分割支配《ぶんかつしはい》を受け、インド・清《しん》の二《に》の舞《まい》を演《えん》ずることを海舟は誰よりも危《あや》ぶみ恐れたのである。小栗らはあくまで幕府本位だったが、海舟は徹頭徹《てっとうてつ》尾《び》、日本本位・国家本位であった。幕臣中、海舟ほど日本という国家の前途《ぜんと》に深い配慮《はいりょ》をめぐらす人物はいなかった。この幕府を越えて皇国《こうこく》日本全体を深く切《せつ》に思う心情《しんじょう》と誠《まこと》の心こそ勝海舟という稀有《けう》の人傑《じんけつ》の真面目《しんめんもく》（本当の姿）であり、それが幕府終焉時《しゅうえんじ》における国家を救う捨身奉公《しゃしんほうこう》となったのである。

大政奉還――天皇政府の中心に立とうとした慶喜の野心

第十四代将軍徳川家茂《いえもち》は長州再征中《ちょうしゅうさいせい》、慶応《けいおう》二年(一八六六)夏、大坂城で病死、同年十二月、徳川慶喜《よしのぶ》が第十五代将軍に就任《しゅうにん》した。その慶喜が慶応三年(一八六七)十月、突然《とつぜん》行ったのが大政奉還《たいせいほうかん》である。大政奉還については西郷隆盛(『日本の偉人物語3』と坂本龍馬(『日本の偉人物語1』)のところでのべた。幕府を廃止《はいし》し征夷《せいい》大将軍《たいしょうぐん》をやめ政治の実権《じっけん》を朝廷《ちょうてい》に返上《へんじょう》したが、慶喜は八百万石を有《ゆう》する諸藩《しょはん》の筆頭《ひっとう》・徳川家の当主《とうしゅ》として、天皇政府の総理《そうり》大臣・首相として主導権《しゅどうけん》(中心となって物事を導く権力)を握《にぎ》ることが慶喜の胸中《きょうちゅう》に秘《ひ》められた一大野心《やしん》・策謀《さくぼう》であったのである。つまりこれまでの徳川幕府の内政外交上の数々の過《あやま》ち(欧米への屈《くっ》従《じゅう》外交、修好通商《しゅうこうつうしょう》条約の違勅《いちょく》調印《ちょういん》、安政《あんせい》の大獄《たいごく》、長州再征等)を心から反省しお詫《わ》びして、天皇・朝廷に対して真《しん》に随順《ずいじゅん》(従ってさからわないこと)せんとする誠《まこと》を尽《つく》した行為ではなく、慶喜の私心《ししん》と野心《やしん》に満《み》ちたいつわりの大政奉還であったのである。

天皇政治における新政権内で主導的地位《しゅどうてきちい》につくことを胸に秘《ひ》めて行われた慶喜の大政奉還に、ほとんどの人々が仰天《ぎょうてん》(非常に驚き天を仰いで嘆くこと)した。ことに大多数の幕臣《ばくしん》は猛反対《もうはんたい》した。紀州《きしゅう》・水戸《みと》・会津《あいづ》・彦根《ひこね》・桑名《くわな》・長岡《ながおか》らの御《ご》三家《さんけ》、親藩《しんぱん》・譜代大名《ふだいだいみょう》らも激しく反対した。既述《きじゅつ》したように小栗《おぐり》ら幕府首脳《しゅのう》は、幕府を強化《きょうか》してどこまでも存続《そんぞく》させる為、フランスと結託《けったく》していたから、慶喜の大政奉還をもってのほかの愚挙《ぐきょ》・愚策《ぐさく》と見たのは当然である。

大政奉還は朝廷に受理《じゅり》されて同年十二月九日、「王政復古《おうせいふっこ》の大号令《だいごうれい》」が出された。ここに徳川幕府が一瞬《いっしゅん》にして消滅《しょうめつ》した。源頼朝《みなもとのよりとも》の鎌倉幕府《かまくらばくふ》以来約七百年間続いた幕府政治が終りを告げ、朝廷政治が復活するという歴史的大転換《だいてんかん》であった。

王政復古と鳥羽伏見の戦い

しかしこの時、王政復古《おうせいふっこ》がうまく成功すると思った人間はほとんどいなかった。七百年間も続いた幕府政治・武家《ぶけ》政治が一ぺんにこの世から消え失《う》せてしまうとは、とうてい夢にも考えられない人がほとんど全《すべ》てであったのである。幕臣《ばくしん》及び約三百藩の武士はみな理屈からも感情からも幕府がなくなることに納得《なっとく》し得《え》ず、幕府政治・武家政治以外の政治は現実に想像ができなかったのである。

幕府を倒し王政《おうせい》を復古《ふっこ》せんとして尽力《じんりょく》したのは結局、薩摩《さつま》と長州《ちょうしゅう》の二藩だけであり、土佐《とさ》や肥前《ひぜん》(佐賀)はいつも「日和見《ひよりみ》」(形勢《けいせい》をうかがい自分の都合《つごう》の良い方《ほう》につこうと二股《ふたまた》をかけること)で腰がふらついていた。その他の藩は、王政復古など白昼夢《はくちゅうむ》、幻想《げんそう》であり、建武中興《けんむのちゅうこう》の二《に》の舞《まい》を演《えん》じて再び幕府政治・武家政治が復《ふっ》活《かつ》する、王政復古ならぬ幕政復古《ばくせいふっこ》となるに相違《そうい》なしと、日和見を決《き》めこんでいたのである。政権を返上《へんじょう》された朝廷《ちょうてい》の公家《くげ》たちでさえ、うろたえ大いに迷惑《めいわく》して、王政復古を推進《すいしん》している西郷隆盛らを蛇蝎《だかつ》（へび・さそり）の如《ごと》く嫌悪《けんお》したことは既述《きじゅつ》した通りである。

そこで旧幕府首脳《しゅのう》は大多数の人々が幕府政治の存続《そんぞく》を強く支持《しじ》し大政奉還にはほとんど誰も賛成していないのだから、武力をもって薩長《さっちょう》二藩を討伐《とうばつ》しようと考えたのである。こうして起きたのが、慶応《けいおう》四年（一八六八）正月の鳥羽伏見《とばふしみ》の戦いであった。当時、政権交代《こうたい》の手段《しゅだん》は今のように選挙があるわけではないから、武力による解決しかなかった。しかし大坂城に集結《しゅうけつ》していた一万五千以上の旧幕府諸藩の連合軍《れんごうぐん》は、西郷隆盛の率《ひき》いる四、五千の薩長軍に敗北した。この鳥羽伏見の戦いにより、日和見をしていた西日本の殆《ほとん》どの藩は即座《そくざ》に朝廷方《ちょうていがた》についた。大坂城にいた総帥《そうすい》・徳川慶喜《よしのぶ》は部下を捨てて江戸に逃げ帰るのである。

慶喜の恭順と海舟

慶喜の命令により旧幕府諸藩が大軍をもって京都に押し寄せたことは、天皇と朝廷に対する重大なる叛逆《はんぎゃく》行為であったから、慶喜と徳川家は朝敵《ちょうてき》とされ討伐《とうばつ》を受ける羽目《はめ》に陥《おちい》るのである。

江戸では主戦《しゅせん》論が覆《おお》い尽《つく》し旧幕臣たちは徹底抗戦《てっていこうせん》を叫《さけ》び続けた。官軍《かんぐん》に対して戦うべきかいなか、慶喜の心中《しんちゅう》は揺《ゆ》れに揺れた。官軍は慶喜の切腹《せっぷく》・家名断絶《かめいだんぜつ》・徳川家領地没収《りょうちぼっしゅう》を要求したのは当然である。その時、フランス公使レオン・ロッシュは三度にわたり慶喜と会見《かいけん》、官軍への徹底抗戦を強く勧《すす》めた。ロッシュはフランスは資金・武器弾薬《ぶきだんやく》・軍人等あらゆる支援《しえん》を惜しまぬと説得《せっとく》したのである。しかし慶喜は最後に拒絶《きょぜつ》した。後年《こうねん》次のようにのべている。

「好意《こうい》は感謝しますが、日本は他国と異《こと》なりたとえいかなる事情《じじょう》があっても、天皇に向って弓を引く（叛逆《はんぎゃく》する）ことはあってはならないことです。祖先に対しては申訳ないかもしれませんが、私は死んでも天子《てんし》には反抗《はんこう》しません」

実《じつ》にあやういところであった。もし慶喜がロッシュの誘《さそ》いに乗ったなら、官軍と旧幕府の戦いにフランスが介入《かいにゅう》することになる。そうなるとイギリスが看過《かんか》（見すごすこと）せず官軍に肩入《かたい》れする可能性は高い。そうすれば内乱《ないらん》に諸外国が干渉《かんしょう》し、遂《つい》には日本は分裂崩壊《ぶんれつほうかい》、亡国《ぼうこく》の憂目《うきめ》を見、外国の分割支配下《ぶんかつしはいか》におかれる最悪の事態《じたい》に陥《おちい》る恐れが十分あった。つまりインド・清《しん》の二《に》の舞《まい》である。この危険性を排除《はいじょ》したのは慶喜の賢明《けんめい》な決断であった。

慶喜がこれを為《な》しえたのは水戸《みと》徳川家の出身《しゅっしん》であったからである。水戸徳川家は徳川光圀《みつくに》以来の家訓《かくん》が代々《だいだい》受け継がれた。それは「日本の国の主君《しゅくん》は徳川将軍ではなくて天皇陛下である。水戸徳川家の者はいかなることがあっても天皇に忠義《ちゅうぎ》を尽《つく》さなければならない」との遺訓《いくん》で、慶喜はこの教えが身《み》にしみついていたから、辛《かろう》じて道を誤らずに済《す》んだのである。

しかし慶喜の振舞《ふるまい》(行為)は旧幕臣《ばくしん》にとり異常《いじょう》そのものと見なされた。徳川幕府の永遠の存続と一層《いっそう》の体制強化《たいせいきょうか》を願う人々にとり、大政奉還の上、恭順《きょうじゅん》(天皇・朝廷《ちょうてい》に絶対的に従うこと)を表明《ひょうめい》する慶喜の気が知れないのである。なんと愚《おろ》かなことをするのか。しなくてよいことをする。頭がおかしくなったとしか思えないのである。歴代《れきだい》将軍中、慶喜ほど幕臣から嫌悪《けんお》された将軍もなかった。

この慶喜の恭順を強く支《ささ》えたのが海舟であった。老中《ろうじゅう》・若年寄《わかどしより》・奉行《ぶぎょう》らをつとめた譜代大名《ふだいだいみょう》・上級旗本《はたもと》には慶喜の恭順《きょうじゅん》を支持する者はほとんどいなかった。海舟はそれまで慶喜から、「徳川家を禍《わざわい》するものは勝である」と全《まった》く信頼されず忌《い》み嫌《きら》われていたのである。既述《きじゅつ》したように海舟はかなり前から徳川本位《ほんい》の幕府体制に根本的疑問を持ち、朝廷を戴《いただ》く新しい統一的日本の構想《こうそう》を人知れず抱懐《ほうかい》（心に抱《いだ》く考え）してきた。慶喜はそうした海舟の深遠《しんえん》な考えがわからず、「徳川家に禍をもたらす」裏切者《うらぎりもの》扱《あつか》いにしてきたのである。慶喜は当時の雄藩《ゆうはん》（有力な藩）の藩主たちと比べて誰よりも賢明《けんめい》と見られたが、海舟の人物の価値《かち》を見抜けなかったのである。

慶喜が江戸に戻《もど》った直後《ちょくご》、海舟は徳川家の海軍奉行並《なみ》となり続いて陸軍総裁《そうさい》となった。二月、慶喜は老中を廃《はい》し、陸軍・海軍・会計などの六局制として各局の総裁をもって徳川家の最高幹部とした。このうち会計総裁となったのが大久保《おおくぼ》一翁《いちおう》である。二月末、海舟は陸軍総裁・海軍総裁の上に立つ軍事取扱《とりあつかい》という最高指導者となり、慶喜より迫《せま》り来《きた》る官軍《かんぐん》との交渉《こうしょう》の一切《いっさい》を全面的に委任《いにん》された。海舟は幕府が消滅《しょうめつ》してから、旧幕府・徳川家の頂点《ちょうてん》に立つのである。徳川家にはもう海舟以外に人物がいなかったのである。

慶喜並びに徳川家の恭順が決定したのは二月である。このとき海舟は慶喜にこう強くのべた。

「官軍と徳川家が戦火《せんか》を交《まじ》えるならば、必ず外国の介入《かいにゅう》を招《まね》き日本は分裂《ぶんれつ》しインド・清《しん》の如くに崩壊《ほうかい》、滅亡《めつぼう》の道をたどることは避《さ》けがたい。従ってこの愚《ぐ》は絶対に回避《かいひ》しなければならず、それゆえ徳川家は朝廷《ちょうてい》に誠意《せいい》をもって恭順し江戸城を明《あ》け渡《わた》し領土を返納《へんのう》して、徹底的に無抵抗の態度に出るべきである。しかれば官軍とてもむやみに非道無法《ひどうむほう》なことはできない。それゆえこれをつつがなく貫《かん》徹《てつ》するためには、上様《うえさま》（慶喜）の恭順の覚悟《かくご》が確固不動《かっこふどう》たるものでなければならない。そうして自分に全面的に委《まか》せる以上一切《いっさい》口出しは無用《むよう》にされたい」

慶喜は賢明《けんめい》ではあったが、誠意《せいい》の不足するところがあり、何があってもぐらつかぬ不動《ふどう》の信念《しんねん》に欠ける短所《たんしょ》があった。そこで慶喜の恭順が正心《せいしん》誠意、嘘偽《うそいつわ》りないものであることをとことん詰《つ》め寄《よ》って確認《かくにん》したのである。そうしなければ、西郷との命懸《いのちが》けの談判《だんぱん》は不可能であったからである。海舟の肺腑《はいふ》の底から吐《は》き出された言葉を慶喜はうけいれ、そのあと上野の寛永寺《かんえいじ》にひきこもり謹慎《きんしん》した。

海舟の苦心と尽力――和戦両様の構え

こうして徳川家恭順《きょうじゅん》の方針は決定した。しかし大多数の幕臣《ばくしん》、徳川陸・海軍の将兵《しょうへい》たちは主戦論《しゅせんろん》に凝《こ》り固《かた》まっており、恭順に絶対反対であった。彼らは幕府政治の永遠を信じ武家政治《ぶけせいじ》の消滅《しょうめつ》に承服《しょうふく》(承知《しょうち》して従うこと)できなかったから、慶喜の恭順を支《ささ》える海舟を憎悪《ぞうお》し非難し嘲罵《ちょうば》(あざけりののしること)した。「売国奴《ばいこくど》」「大逆臣《だいぎゃくしん》」「国賊《こくぞく》」「大奸賊《だいかんぞく》」「薩長《さっちょう》の犬《いぬ》」「腰抜《こしぬ》け」「意気地《いくぢ》なし」等あらゆる悪罵《あくば》を浴《あ》びせられ、何度も命を狙われた。しかし海舟はいささかもたじろがず、自己の信念に従い勇往邁進《ゆうおうまいしん》(恐れずまっしぐらにつき進むこと)した。それは海舟だけができたことであった。

西郷隆盛を事実上の総司令官《そうしれいかん》とする官軍《かんぐん》は東海道《とうかいどう》、東山道《とうさんどう》、北陸道《ほくりくどう》の三軍に分れて進み江戸にむかった。海舟は西郷が官軍を率《ひき》いていることに希望を見い出し、ひそかに心に期《き》するものがあった。慶喜と海舟にとりまず急がれたことは、徳川家全体の恭順の方針を徹底《てってい》するとともに、恭順の意をいかにして官軍側に伝《でん》達《たつ》するかである。焦慮《しょうりょ》（心配し焦《あせ》ること）する慶喜は一時《いちじ》、海舟を上京《じょうきょう》させることを考えたが、このとき江戸は一日たりとも海舟の不在《ふざい》を許す状態ではなかった。そこで代《かわ》りに選ばれたのが山岡鉄舟《やまおかてっしゅう》である。それまで海舟は鉄舟を知らなかったが、一見《いっけん》してすぐれた人物であることを知ると、西郷あての手紙を託《たく》すのである。三月九日、静岡まで来ていた西郷に会ったとき、山岡は最初にその手紙を渡した。

その内容は、慶喜及び徳川家は断然《だんぜん》、恭順を貫《つらぬ》く決意であること。そうするのは皇国《こうこく》の民《たみ》として兄弟内《うち》にせめぎ合い（相争うこと）侮《あなど》りを外《そと》に受けることを防ぐためであること。しかし慶喜の恭順の意を理解せず抗戦《こうせん》を叫《さけ》ぶ者少なからず、その鎮撫《ちんぶ》（抑《おさ》えて鎮《しず》めること）にほとんど力尽《ちからつ》きる状態にあること。従って自分が赴《おもむ》きその情実《じょうじつ》（実際《じっさい》の事情）を訴えたいが、半日《はんにち》も江戸をあけることあたわざること。かくのごとき状態をお察《さっ》し下《くだ》され、官軍として一点の不正《ふせい》なき措置《そち》を講《こう》じていただきたいこと。さもなければ皇国瓦解《こうこくがかい》（崩壊《ほうかい》）のほかはないというものである。

山岡は慶喜の恭順《きょうじゅん》が嘘偽《うそいつわ》りなく真実《しんじつ》のものであることを懸命《けんめい》にのべ、朝廷《ちょうてい》の徳川家への寛大《かんだい》な措置《そち》を切《せつ》に請《こ》うた。西郷は山岡の人物に深く感じ入り、朝廷の御意志は慶喜及び徳川家の恭順が偽りなき誠《まこと》のものならば徳川家に対して寛大な処置《しょち》があろうと答えた。そうして徳川家の降伏条件を示した書付《かきつけ》を山岡に渡したのである。

山岡は立派な使者《ししゃ》ぶりを発揮《はっき》した。しかしこれはあくまで官軍と徳川家の交《こう》渉《しょう》の糸口《いとぐち》にすぎず、真《しん》の交渉は西郷と海舟の談判《だんぱん》に待《ま》たねばならなかった。西郷の立場からすれば、山岡の来訪《らいほう》により慶喜恭順の誠意《せいい》は了解《りょうかい》したが、問題はそれが徳川家全体のものとして実行《じっこう》されるかいなかにかかっていた。結局それは江戸で徳川家最高指導者たる海舟と会って直《じか》に確認《かくにん》するしかなかった。一方《いっぽう》、海舟にとり相手とすべき官軍《かんぐん》側の人物は、西郷唯一人《ただひとり》であった。

この徳川家恭順の道は実際《じっさい》には不可能に近い難事《なんじ》であった。既述《きじゅつ》したように恭順とは言うもののこれに熱心なのは慶喜及び海舟ら一部のみで大半《たいはん》は反対であり、徳川家全体として恭順を貫《つらぬ》き通《とお》すことは極《きわ》めて困難《こんなん》な情勢《じょうせい》であったからである。従って官軍側が徳川家のこのような状態を果《はた》して恭順と認めるかどうかはなはだ疑問であった。西郷・海舟談判《だんぱん》終了後、四月十一日江戸無血開城となったが、その直後《ちょくご》から徳川陸海軍兵士の脱走《だっそう》が相次《あいつ》ぎ、関東各地、上野、越後、東北、函館と旧幕府軍・譜代《ふだい》の藩の抵抗が続いたのだから、慶喜と海舟の恭順路線《ろせん》は全《まった》く綱渡《つなわた》りにも等《ひと》しい危《あや》ういものであったのである。

海舟は西郷との談判が容易《ようい》ならざるものであることを充分覚悟《じゅうぶんかくご》していた。西郷ならば海舟の深い心を理解してくれるかもしれない。しかし西郷は維新政府第一の有力者であっても独裁者《どくさいしゃ》ではない。西郷が承諾《しょうだく》しても他の者が拒絶《きょぜつ》する可能性は十分あった。

それゆえ海舟はいかなる事態《じたい》にも対処《たいしょ》しうるように和戦両様《わせんりょうよう》の構《かま》えで臨《のぞ》み、もし官軍が徳川の恭順を認めず干戈《かんか》（武力）を動かすならば徹底抗戦《てっていこうせん》に出る作戦を立てるのである。談判の十日程前《ほどまえ》、海舟は火消《ひけし》の親方ほか江戸で親分といわれる町方《まちかた》の有力者三十人ほどに対して自ら訪《たず》ね、多くの金を手渡してこれをもって大小の舟を用意させ、自分が命《めい》を下《くだ》すや江戸百万の町人を対岸《たいがん》の千葉方面に避難《ひなん》させたあと、自分の命令次第一斉《しだいいっせい》に市中《しちゅう》に火をかけ江戸を火の海にせよと申し渡すのである。

官軍が徳川家の恭順《きょうじゅん》を認めずあくまで武力を行使《こうし》するならば、罪なき江戸庶民の命を救うとともに、官軍を江戸の町ともども焼き滅ぼさんとする恐るべき焦《しょう》土戦術《どせんじゅつ》であった。海舟はかくのごときことを考え実行しうる知恵と胆力《たんりょく》をもつ旧幕府きっての軍事戦略家《ぐんじせんりゃくか》・軍事指導者でもあった。海舟はこの備《そな》えをひそかにすませた上《うえ》で西郷を待つのである。後世《こうせい》、天下の美談《びだん》とされる両者の談判《だんぱん》は決して生易《なまやさ》しいものではなく、実《じつ》に海舟一世一代《いっせいいちだい》の決死《けっし》の覚悟《かくご》の下《もと》で行われた大談判であったのである。

談判成立――海舟を信じた西郷の大度量

談判は慶応《けいおう》四年（一八六八・この年秋改元《かいげん》して明治元年）三月十三、十四日に行われた。本格的談判は十四日である。翌《よく》十五日、官軍《かんぐん》は江戸城総攻撃を予定していた。

談判の核心《かくしん》は徳川家の恭順が真《しん》に実行されるかどうかの一点にかかっていた。官軍から見るならば、多くの旧幕臣《ばくしん》が主戦論《しゅせんろん》を唱え徹底抗戦《てっていこうせん》を叫び、現《げん》に上野には三千人の彰義隊《しょうぎたい》が結集《けっしゅう》して官軍に敵対《てきたい》の姿勢を示しているのだからとても恭順しているとは言いがたい。それは官軍を欺《あざむ》く策略《さくりゃく》ではないかとほとんどの者が思ったのは無理もない。

西郷と海舟の江戸城無血開城の談判
（「江戸開城談判」結城素明画
明治神宮外苑・聖徳記念絵画館蔵）

　海舟は西郷に徳川家の内情《ないじょう》を包《つつ》まずありのまま語った。多くの旧幕臣が慶喜の恭順に反対し慶喜の命令にすら従わず、海舟が家臣の統制《とうせい》に苦心惨憺《くしんさんたん》していること。自《じ》身幾度《しんいくど》も命を狙《ねら》われたこと。死は少しも恐れないが自分がいなければ恭順《きょうじゅん》を貫《つらぬ》くことができないこと。そうして大半《たいはん》の家臣《かしん》が逆《さか》らう中で徳川家があくまで恭順を実行しようとしているのは、天皇を仰《あお》ぎ戴《いただ》く日本の新生《しんせい》という大目的に立ち、日本人同士《どうし》の闘争《とうそう》・内乱《ないらん》・分裂《ぶんれつ》を回避《かいひ》し外国の干渉《かんしょう》(手出し、横槍《よこやり》)を排除《はいじょ》してインド・シナの二《に》の舞《まい》を演《えん》じない為であることを強く訴えた。さらに官軍から見るならば徳川家の恭順は実《じつ》がないように映《うつ》るかもしれないが、我々としては何としても恭順をやり遂《と》げる覚悟《かくご》でいるから、徳川家に対して出来る限り寛大《かんだい》な措置《そち》、すなわち降伏条件《こうふくじょうけん》の緩和《かんわ》を西郷に切《せつ》に懇願《こんがん》したのである。山岡鉄舟《てっしゅう》が持ち帰った降伏条件に対して、海舟が西郷に譲歩《じょうほ》を求めた嘆願書《たんがんしょ》は次の通りである。

第一条　徳川慶喜は隠居《いんきょ》して水戸《みと》にて謹慎《きんしん》すること。

第二条　江戸城の明《あ》け渡《わた》しについては、手続きがすみ次第、田安家《たやすけ》(将軍の親戚《しんせき》・御三卿《ごさんきょう》の一つ)があずかること。

第三条・第四条　軍艦《ぐんかん》と武器《ぶき》は相当の数を徳川家に残し、そのあまりを官軍《かんぐん》にひき渡すこと。

第五条（省略）

第六条　慶喜の暴挙《ぼうきょ》（鳥羽伏見《とばふしみ》の戦いのこと）を助けた家臣《かしん》については、特別のお許《ゆる》しをいただき死刑《しけい》にしないようにしていただきたいこと。

第一・第二・第五条は特に問題はなかった。第三・第四・第六条が重大だった。官軍の要求は、軍艦・武器全《すべ》ての引渡《ひきわた》し、つまり武装解除《ぶそうかいじょ》と鳥羽伏見の戦いの責任者の厳《きび》しい処罰《しょばつ》である。海舟は実情《じつじょう》をありのままのべた。恭順そのものに反対する徳川家の陸軍・海軍は軍艦・武器の引渡しは絶対反対であった。陸軍・海軍は強力な戦力を持ち官軍と戦っても負けないと信じていたから、全部の引渡しなどもってのほかであり、あくまで官軍がそれを要求するなら徹底抗戦《てっていこうせん》あるのみと海舟を突《つ》き上《あ》げた。そこで海舟は軍艦・武器は一部だけにしてほしいと嘆願したのだ。

もっと大きな問題は、鳥羽伏見の戦いの首謀者《しゅぼうしゃ》・責任者の処罰《しょばつ》である。海舟はここでもし厳罰《げんばつ》が下されるならば、家臣たちが激昂《げきこう》(激怒《げきど》すること)し抗戦に立上がり恭順《きょうじゅん》はたちまち崩壊《ほうかい》してしまうので、どうか処罰を免除《めんじょ》していただきたいと切《せつ》に願った。

鳥羽伏見の戦いの意義《いぎ》はすでにのべた。この戦いの勝利により明治維新の大勢《たいせい》が決した。朝廷・官軍に弓を引き敗北した徳川家の責任者の厳罰《げんばつ》は官軍として決して譲《ゆず》ることのできない当然の要求である。第一次長州征伐では長州藩は家老《かろう》始め七人の首を差し出した。慶喜の罪は極めて重かったが死を免《まぬか》れて徳川家は滅びずにすむのであるならば最低限、鳥羽伏見の敗戦の責任を取り、主《しゅ》たる数名は切《せっ》腹《ぷく》しないでは事はおさまらず、この処罰《しょばつ》なしでは朝廷《ちょうてい》・官軍《かんぐん》は面目《めんもく》を失い立場がなくなるのみならず明治維新は途中で挫折《ざせつ》してしまう恐れがあった。

しかし西郷は海舟の嘆願《たんがん》をすべて受け入れるのである。それは西郷だから出来た大決断《だいけつだん》であり、他のいかなる人物でもとうていできることではなかったのである。西郷は四年前大坂で初めて会ったとき、海舟の人物に強く打たれ当世《とうせい》第一の英雄として惚《ほ》れこんだ。たった一度の出会いだったが、西郷は海舟を深く信じたのである。幕府とか徳川家という「私《わたくし》」の立場を超《こ》えて皇国《こうこく》日本の新生《しんせい》のため内戦《ないせん》を回避《かいひ》し外国の干渉《かんしょう》・介入《かいにゅう》を排除《はいじょ》して、わが国をインドや清《しん》のような悲惨《ひさん》な植民地《しょくみんち》・隷属国《れいぞくこく》にしないようにするため、徳川家の恭順をあくまで貫《つらぬ》こうとする海舟の万難《ばんなん》を排《はい》しての懸命《けんめい》な努力に深く共感《きょうかん》し心から理解できたから、西郷は嘆願の全《すべ》てを丸呑《まるの》みし、最も苦しい立場にある海舟を支《ささ》えて恭順実行のさまを見守ろうとしたのである。古今《ここん》に比類《ひるい》なき西郷の大決断・大度量であった。

海舟が語る西郷の「大至誠と大胆識」

海舟はこのときの西郷の一大決断と誠意《せいい》に満ちた態度に心の底から感嘆《かんたん》し、西郷をこの世に二人となき人物と敬服《けいふく》して生涯絶讃《しょうがいぜっさん》してやまなかったのである。『氷川清話《ひかわせいわ》』は勝海舟という一世《いっせい》の巨人が、自己の精神・信念・見識《けんしき》・生涯の行動についてのべた回顧録《かいころく》として不滅《ふめつ》の価値《かち》を有《ゆう》する近代の古典《こてん》と言ってよいが、その圧巻《あっかん》（特にすぐれているところ）は西郷との談判《だんぱん》について語った箇所《かしょ》である。

『日本の偉人物語3』でも載《の》せたが再び掲《かか》げよう。

「西郷なんぞはどのくらい太《ふと》っ腹《ぱら》（度量が広く寛大《かんだい》なこと）の人だったかわからないよ。あの時の談判《だんぱん》は実《じつ》に骨《ほね》だったよ（骨を折ること。苦心すること）。官軍《かんぐん》に西郷がいなければ話はとてもまとまらなかっただろうよ。江戸の市中《しちゅう》では今にも官軍が乗りこむといって大騒《おおさわ》ぎさ。しかしおれはほかの官軍（西郷以外の官軍指揮官《しきかん》）には頓着《とんちゃく》せず（気にかけず）、ただ西郷一人を眼中《がんちゅう》においた」

「さていよいよ談判になると、西郷はおれの言うことを一々《いちいち》信用してくれ、その間《かん》一点の疑念《ぎねん》もはさまなかった。

『いろいろむつかしい議論もありましょうが、私が一身《いっしん》にかけてお引受《ひきう》けします』

西郷のこの一言《ひとこと》で、江戸百万の生霊《せいれい》（人間）もその生命と財産を保《たも》つことが出来、また徳川氏もその滅亡《めつぼう》を免《まぬか》れたのだ。もしこれが他人であったなら、いやあなたのいうことは自家撞着《じかどうちゃく》（矛盾《むじゅん》していること）とか、言行不一致《げんこうふいっち》だとか、沢山《たくさん》の凶徒《きょうと》（徹底抗戦を叫《さけ》ぶ旧幕臣《きゅうばくしん》たち）があの通り処々《しょしょ》に屯集《とんしゅう》（たむろし集ること）しているのに恭順《きょうじゅん》の実《じつ》はどこにあるとか、いろいろうるさく責《せ》め立てるに違いない。万一《まんいち》そうなると談判はたちまち破裂《はれつ》だ。しかし西郷はそんな野暮《やぼ》（海舟の深い心の中がわからないこと）は言わない。その大局《たいきょく》を達観《たっかん》（天下の大勢《たいせい》、何が大事かを見通すこと）して、しかも果断《かだん》（決断）に富《と》んでいたにはおれも感心した」

「この時、おれがことに感心したのは、西郷がおれに対して幕府の重臣《じゅうしん》（重い役目をもつ家臣《かしん》・徳川家の代表）たるだけの敬礼《けいれい》を失わず、談判のときにも始終座《しじゅうざ》を正して手を膝《ひざ》の上に乗せ、少しも戦勝《せんしょう》の威光《いこう》でもって敗軍《はいぐん》の将《しょう》を軽蔑《けいべつ》するというような風《ふう》が見えなかったことだ。その胆量《たんりょう》（勇気・決断力と寛大《かんだい》な心で人を受けいれる度量《どりょう》）の大きいことはいわゆる天空海闊《てんくうかいかつ》（大空がはてしなく海が広いように度量が広大《こうだい》なこと）で、見識《けんしき》ぶる（自分の考えがすぐれていると威張《いば》ること）などということはもとより少しもなかった」

「（海舟が、そうしてあらゆる人々が）西郷に及ぶことが出来ないのはその大胆識《だいたんしき》（比類なき勇気・決断と見識）と大誠意《だいせいい》（この上ない誠の心）とにあるのだ。おれの一言《いちごん》を信じてたった一人で江戸城に乗込《のりこ》む。おれだって事《こと》に処《しょ》して多少《たしょう》の権謀《けんぼう》（策略《さくりゃく》）を用《もち》いないこともないが、ただこの西郷の至誠《しせい》（深い誠《まこと》の心）はおれをして相欺《あいあざむ》くに忍《しの》びざらしめた。この時に際《さい》して小籌浅略《しょうちゅうせんりゃく》（細《こま》かな浅いはかりごと）を事《こと》とするのは、かえってこの人のために腹《はら》わた（心の中）を見すかされるばかりだと思って、おれも至誠《しせい》をもってこれに応《おう》じたから江戸城受け渡しもあの通り立談《たちばなし》ですんだのさ（戦争をせずに江戸開城が出来たということ）」

海舟は西郷を「天空海闊《てんくうかいかつ》」といい「大胆識《だいたんしき》と大誠意《だいせいい》」の人物とのべている。これ以上はない最高の称賛《しょうさん》である。西郷は鳥羽伏見の戦いに勝利した官軍の総大《そうだい》将《しょう》であったが、敗者《はいしゃ》の徳川家を代表する海舟に対して少しも傲《おご》り高《たか》ぶった威張《いば》った態度を取らず、姿勢を正し慎《つつし》みを失わず、四つ年上の海舟に向って終始《しゅうし》鄭重《ていちょう》（真心をもって手厚《てあつ》く接すること）に「勝先生」と呼びかけたのである。海舟は西郷のこうした普通ではあり得ない慎み深く謙虚《けんきょ》な姿勢に心の底から打たれたのである。

西郷は何より人間としてこの上なく立派《りっぱ》であったのである。海舟は西郷の至誠《しせい》の上に立つ大度量と大決断のさま、海舟を深く敬《うやま》い思いやる礼節《れいせつ》を保《たも》った謙虚な態度・振舞《ふるまい》についてこのわが国無双《むそう》（並ぶ者がないこと）の人物の面影《おもかげ》を活写《かっしゃ》（生き生きと語り写すこと）したのであった。西郷という千古《せんこ》（永遠の意）の稀有《けう》の英雄の天や海のようなはてしない大きさ、高さ、広さ、深さを海舟は後世の私達に見事《みごと》に伝えてくれたのである。海舟が語り残したこのときの西郷の姿こそ日本の歴史がある限りとこしえに語り継がれるべきものと私は思う。海舟がこの歴史を語り伝えてくれたことに私たちは感謝したい。

西郷と海舟は互いに相手を信じ敬愛《けいあい》し合い、ただ一筋《ひとすじ》に天皇を戴《いただ》く祖国日本の新生を願い、肝胆《かんたん》を吐露《とろ》（心に思うことを隠さずにのべること）し誠意を尽《つ》して万難《ばんなん》を排《はい》して談判《だんぱん》を成立させた。天皇国日本の生存・独立・弥栄《いやさか》（永遠の繁栄）を願いこれを堅《かた》く維持《いじ》することにおいて二人の心は全《まった》く一つであったのである。

二人のうちどちらかが欠けたならこの談判は成り立たなかった。海舟がいたから徳川家の恭順《きょうじゅん》が辛《から》くも成り立ち、相手に西郷がいたから徳川の嘆願《たんがん》を全《すべ》て承諾《しょうだく》してくれた。談判の成立は奇蹟《きせき》に類《るい》することであったのである。

日本国史の精華——西郷・海舟の二大人物をもった日本民族の幸せ

このあと西郷は京都に急行《きゅうこう》した。海舟との合意《ごうい》を朝議《ちょうぎ》（朝廷《ちょうてい》の会議）において最《さい》終《しゅう》決定するためである。ところが朝議は大もめにもめた。ほとんどの人が慶喜の処罰《しょばつ》と徳川家の取《と》り潰《つぶ》しを強く望んでいたから、西郷は譲歩《じょうほ》しすぎたとして猛反対されるのである。西郷は「いろいろむつかしい議論」が起ることを覚悟《かくご》していたが、「一身《いっしん》にかけてお引受けします」と海舟に約束していた。

そこで西郷は「承認《しょうにん》が得《え》られないならば、私は薩摩《さつま》の全兵士を連れて政府を去って国に帰ります」とのべた。西郷は明治維新政府の第一人者であり西郷あっての明治政府であったから、西郷が手を引けば新政府は一瞬《いっしゅん》で倒れる。それほど西郷の存在は重《おも》く大きかったから、人々はやむなく渋々承諾《しぶしぶしょうだく》したのである。

西郷・海舟談判《だんぱん》は今日《こんにち》でこそ高く評価《ひょうか》されるが、当時は全《まった》く不評《ふひょう》だったのである。徳川の人々は海舟を徳川家を売る裏切り者、国賊視《こくぞくし》してやまなかった。後《こう》年《ねん》、海舟はこう語っている。

「維新のころは妻子《さいし》までもおれに不平《ふへい》だったよ。広い天下におれに賛成する者は一人もなかったけれども、おれは常に世の中には道というものがあると思って楽しんでいた」

これを語ったのは維新後二十年以上も過《す》ぎたころである。当時《とうじ》は死にまさる辛《つら》い苦労を重ねたのである。徳川家の人々からほとんど理解されず、官軍側からは猜疑《さいぎ》された中でただ一人心から信じてくれる人物がいた。それが西郷だった。海舟はこう語っている。

「おれの方より西郷はひどい目にあったよ。勝に騙《だま》されたのだといって、それはそれはひどい目にあったよ」

旧幕臣《ばくしん》から国賊・売国奴《ばいこくど》といわれ妻子からもよく理解されなかった海舟より、もっと「ひどい目」にあったのが西郷であったのである。二人が成《な》し遂《と》げた仕事がいかに筆舌《ひつぜつ》に尽しがたい困難に満ちたものであったかがわかろう。しかし二人はあらゆる非難《ひなん》にめげず万難《ばんなん》を乗り越えて不撓不屈《ふとうふくつ》の鋼鉄《こうてつ》の信念をもって皇国《こうこく》日本の新生《しんせい》の為に一身《いっしん》を捧《ささ》げたのである。海舟の西郷讃歌《さんか》は尽《つ》きない。

「どうして、西郷がおらなければ維新の事《こと》は出来ないよ。西郷一人でまとまったのさ。そりゃあ、西郷が第一さ（維新三傑《さんけつ》といわれた残りの大久保利通《おおくぼとしみち》・木戸孝允《きどたかよし》と比較《ひかく》して）」

「何事も知らない風《ふう》をして独《ひと》り局外《きょくがい》に超然《ちょうぜん》としておりながら、しかもよく大局《たいきょく》（国家の重大事のこと）を制《せい》する手腕《しゅわん》のあったのは、近代ではただ西郷一人だ」

最晩年《さいばんねん》、人々に問われるままに維新当時のことを回想《かいそう》するとき、「今日の日本があるのはすべてみな西郷のおかげだよ」と目に涙をたたえて語るのが常であった。西郷隆盛と勝海舟という二大人物が未曾有《みぞう》（それまでにない）の国難《こくなん》において国家の一大事を決して近代日本の基礎《きそ》を固めた奇蹟《きせき》の歴史こそ、わが国における最も輝《かがや》かしい高貴《こうき》な誇るべき国史の精華《せいか》（すぐれてうるわしいこと、光）でなくて何であろう。

4、維新後三十年間の至誠奉公

反恭順派の抵抗――上野戦争

慶応《けいおう》四年（一八六八・明治元年）四月十一日、江戸城が明《あ》け渡《わた》された。この日、徳川慶喜《よしのぶ》は江戸を去り水戸《みと》に行き謹慎《きんしん》した。こうして江戸無血開城《むけつかいじょう》をもって明治維新《めいじいしん》が成立した。しかし同日、旧幕府の陸軍兵士が大量に脱走《だっそう》を始めた。五月、上野にたてこもる彰義隊《しょうぎたい》が反乱《はんらん》を起した。さらに八月、海軍の榎本武揚《えのもとたけあき》も八隻の軍艦を率《ひき》いて函館《はこだて》へ脱出《だっしゅつ》した。つまり徳川家は江戸開城までは恭順《きょうじゅん》の姿勢を示したが、それ以後は恭順《きょうじゅん》の約束を破ったのである。このあと翌年五月まで関東・越後《えちご》・東北・函館《はこだて》で旧幕臣《ばくしん》と親藩《しんぱん》・譜代《ふだい》の藩士は反抗《はんこう》して戦いが続いた。このような歴史的大転換期《だいてんかんき》においては、旧幕府側の人々の意識と感情はそう簡単に変るものではない。徳川幕府が突然消滅《とつぜんしょうめつ》するという現実を素直に受け入れることに到底耐え難《とうていたがた》かったのである。七百年間も続いた武家政治をなくした明治維新はそれほどの歴史的な大変革であったのである。

五月の彰義隊《しょうぎたい》の反乱《はんらん》は海舟が最も危惧《きぐ》(恐れること)していたことである。ここで彰義隊が暴発《ぼうはつ》(暴動を起こすこと)すれば恭順違反《いはん》となり、徳川家の恭順を認め寛大《かんだい》そのものの降伏を承認《しょうにん》してくれた西郷への裏切《うらぎ》り行為となるから、海舟は山岡鉄舟《てっしゅう》とともに真剣に説得《せっとく》し鎮撫《ちんぶ》(なでしずめること)につとめたが、彼らは一切《いっさい》聞く耳を持たなかった。海舟は嘆願《たんがん》を丸呑《まるの》みしてくれた西郷に合わす顔がなく悶《もだ》え苦しむのである。

ふつうなら徳川方の約束違反を責《せ》め立てるところだが、西郷は海舟と山岡の必死の努力を見守り続けて約二ヵ月(この年は閏年《うるうどし》で四月が二度あった)待った。しかし説得が不可能となつた五月十五日、西郷は官軍《かんぐん》をもってこの日一日で彰義隊を討伐《とうばつ》した。その際《さい》、西郷が語った言葉を海舟はこうのべている。

「これまで山岡氏が幾日《いくにち》となく寝食《しんしょく》を忘れて暴徒《ぼうと》の解散《かいさん》に尽《つく》されたのは、結局国家のためです。朝廷《ちょうてい》に対して徳川家に対して山岡氏の忠心《ちゅうしん》（忠誠心）いかにも気の毒で涙に堪《た》えない。彰義隊なるものはたいてい徳川の遺臣《いしん》（家臣）ですので、あれを進撃《しんげき》するのはあなたや山岡氏の誠忠《せいちゅう》に対して返す返す気の毒ですが進撃と決しますと、西郷はほろりと一滴《いってき》の涙を流してその折《おり》話された」

彰義隊の反抗は官軍にとり徳川家恭順に違反する重大な行為だから、強く批判されても海舟に全《まった》く弁解《べんかい》の余地《よち》はない。しかし西郷は逆に海舟と山岡の尽力《じんりょく》の甲斐《かい》なくここに討伐に及ぶことを心から気の毒に思い涙をこぼしたのである。西郷は海舟と山岡を真《しん》の武士《ぶし》と深く認め信じたから、二人の辛苦《しんく》に同情を惜しまず辛抱《しんぼう》強く見守り続けたのであった。西郷は甘い、手ぬるい、勝という古狸《ふるだぬき》にたぶらかされているという周囲の強い非難の中でそうしたのである。西郷だから出来たことであった。海舟以上に「ひどい目」にあった西郷だが、それだからこそ海舟と山岡鉄舟は西郷に対して生涯絶対的な敬愛と感謝の念を捧《ささ》げ続けたのである。

西郷の名誉回復に尽力

海舟は明治三十二年、七十七歳まで生き抜いた。明治の三十余年間は海舟にとり実《じつ》に長い「余生《よせい》」であった。人物・手腕からいうならば日本国家の首脳《しゅのう》・日本丸の舵取《かじと》りこそ海舟にもっともふさわしい任務《にんむ》であったが、もとより旧幕臣《ばくしん》の海舟にはそれは許されない。しかしながら海舟は国家への責任と奉仕《ほうし》の観念《かんねん》を一日たりとも忘れはしなかった。そうして陰《かげ》ながら表立《おもてだ》たぬ努力をもって明治日本を支《ささ》え続けたのである。

明治十年、西南《せいなん》の役《えき》が起り、あろうことか盟友《めいゆう》(同志)西郷が城山《しろやま》の露《つゆ》と消えた。実《じつ》に海舟にとり断腸《だんちょう》(はらわたがちぎれるような悲哀《ひあい》)の念に耐《た》えぬ痛恨事《つうこんじ》であった。そのとき海舟が作った詩がこれである。

亡友南洲氏
風雲定大是
払衣去故山
胸襟淡如水
悠然事躬耕
嗚呼一高士
只道自居正
豈意紊国紀
不図遭世変
甘受賊名訾
笑擲此残骸
以附数弟子
毀誉皆皮相
誰能察微旨

亡《な》き友南 洲氏《ともなんしゅうし》
風雲大是《ふううんたいぜ》を定《さだ》む
衣《ころも》を払《はら》って故山《こざん》に去《さ》る
胸 襟《きょうきん》淡《あわ》きこと水《みず》の如《ごと》し
悠然《ゆうぜん》として躬《みずか》ら耕《たがや》すを事《こと》とす
嗚呼《ああ》一高士《いちこうし》
只道《ただい》う自《みずか》ら正《せい》に居《お》ることを
豈国紀《あにこくき》を紊《みだ》さんことを意《おも》わんや
図《はか》らずも世変《せへん》に遭《あ》い
甘《あま》んじて賊名《ぞくめい》の訾《そし》りを受《う》けんとは
笑《わら》いて此《こ》の残骸《ざんがい》を擲《なげう》ち
以《もっ》て数弟子《すうていし》に附《ふ》す
毀誉《きよ》は皆皮相《みなひそう》
誰《たれ》か能《よ》く微旨《びし》を察《さっ》せん

唯有精霊在
千載存知己

唯精霊《ただせいれい》の在《あ》る有《あ》り
千載知己《せんざいちき》を存《そん》せん

風雲急《ふううんきゅう》を告げるわが国未曾有《みぞう》の国難時《こくなんじ》、西郷隆盛は明治維新の大業《たいぎょう》を成《な》し遂《と》げた。その功績は比類《ひるい》を絶《ぜっ》している。しかし明治六年、政府首脳《しゅのう》の地位を去って帰郷《ききょう》した。西郷の高貴《こうき》な心は水のごとく淡《あわ》く清《きよ》らかだ。一農民となって心静かに農耕《のうこう》に励む西郷は真《しん》に仰《あお》ぎ見る高士《こうし》だ。常に神《かみ》を敬《うやま》う心《こころ》をもって正道《せいどう》を踏《ふ》み行うことを信条《しんじょう》としている西郷が、どうして国家に叛逆《はんぎゃく》するなどということがありえよう。大久保利通《おおくぼとしみち》の支配する政府が西郷に国賊《こくぞく》の汚名《おめい》を着《き》せて抹殺《まっさつ》したのが西南戦争である。西郷はわが身《み》を投げ出して部下と最《さい》期《ご》をともにした。世間の西郷に対する毀誉褒貶《きよほうへん》(賞賛と非難)はみな表面的で浅薄《せんぱく》なものにすぎない。一体誰が西郷の天皇・国家を思う深い心の奥底を知りえよう。知っているのはただ私だけだ。西郷の肉体は滅び去った。しかし西郷のこの上なき気高《けだか》く清らかな魂は永遠に不滅である。西郷の霊魂《れいこん》が存《そん》する限り千年の後《のち》、西郷を真《しん》に理解する人物が出て来るであろう。

海舟のはらわたからしぼり出された西郷を弔《とむら》う涙の詩であり、この古今不世《ここんふせい》出《しゅつ》の英傑《えいけつ》へのこの上ない敬仰《けいぎょう》（尊敬し仰慕《ぎょうぼ》すること）の讃歌《さんか》であった。この漢詩はわが国最高の漢詩の一つと私は思う。海舟は維新最大の人物を賊《ぞく》として殺した明治政府の失態《しったい》（失敗《しっぱい》）をこの上ない遺憾《いかん》（残念なこと）とした。西郷とともに新生日本の根本《こんぽん》を定めた海舟にとり、西郷が抹殺《まっさつ》されることは己《おの》れが殺されることに等《ひと》しかったからだ。海舟にとり西郷を語ることは同時に己れを語ることでもあった。西郷を賊名《ぞくめい》のままにしておくことに最も苦痛《くつう》を感じたのは、明治天皇のほかには海舟であったのである。

西郷との思い出の中に生きた海舟が、明治十年代最も尽力《じんりょく》したのが西郷の名《めい》誉回復《よかいふく》であった。海舟は時機《じき》を見はからい西郷復権《ふっけん》の順序としてまず明治十八年、遺児寅太郎《いじとらたろう》を明治天皇の御下賜金《ごかしきん》をもってドイツに留学《りゅうがく》させることに成功した。次いで明治二十二年、大日本帝国憲法発布《はっぷ》にあたり、西郷は賊名を除《のぞ》かれ正三位《しょうさんみ》を追贈《ついぞう》（亡くなった人物に位を授けること）された。すべて海舟の陰《かげ》の尽力《じんりょく》であった。さらに明治三十五年、寅太郎は侯爵《こうしゃく》を授けられる恩命《おんめい》に浴《よく》した。

なお明治三十一年十二月十八日、上野公園に西郷隆盛の銅像が建立《こんりゅう》されたが、海舟は次の歌を献げた。

咲《さ》く花《はな》の　雲《くも》の上野《うへ（え）の》に　ももづたふ

いさをのかたみ　たちし今日《けふ（きょう）》かな

徳川慶喜の参内

一方《いっぽう》、旧主《きゅうしゅ》たる徳川慶喜《よしのぶ》は明治二年、謹慎《きんしん》を解《と》かれて水戸《みと》から静岡に移りやがて東京で静かに余生《よせい》を送った。慶喜と海舟は因縁《いんねん》浅からぬものがあったが、海舟はこれまでの互《たが》いの個人的感情を越えて旧主《きゅうしゅ》に尽《つ》くすことを忘れなかった。明治二十五年、長男小鹿《ころく》が病死したため養子を迎えることにしたが、慶喜の十男精《くわし》を相続者《そうぞくしゃ》として請《こ》うた。慶喜は自分に嫌われていた海舟がかくまで自分を思ってくれたのかと悦び快《こころよ》く承諾《しょうだく》した。

そのあと明治三十一年三月二日、慶喜は参内《さんだい》(皇居に参上《さんじょう》すること)して明治天皇に拝謁《はいえつ》を賜《たまわ》った。明治天皇は慶喜が祖国に尽《つく》した忠誠《ちゅうせい》(大政奉還後、江戸にて恭《きょう》順《じゅん》したこと)を嘉賞《かしょう》(ほめたたえること)された。またこのとき昭憲皇太后《しょうけんこうたいごう》にも謁見《えっけん》を賜りお手ずから盃《さかずき》まで戴《いただ》き、長年《ながねん》の労苦《ろうく》に対して心よりねぎらいのお言葉を賜った。慶喜にとり口にも筆にも尽《つく》しがたい無量《むりょう》の感激であった。慶喜の参内につきこれを陰で一切《いっさい》をとり仕《し》切ったのが海舟である。明治新政府と旧幕府側の対立・闘争・憎悪・怨恨《えんこん》の歴史を水に流すためには、明治天皇と慶喜の対面《たいめん》がどうしても必要と思った海舟は、維新後三十年間この日を待ち続けてついに実現したのである。

参内した翌日、慶喜は自《みずか》ら海舟邸に挨拶《あいさつ》に出向《でむ》き、前日の始終《しじゅう》を語り陰《かげ》ながら全《すべ》てを周旋《しゅうせん》(とりはからい世話をすること)してくれた海舟に衷心《ちゅうしん》(心の底)より礼をのべて、徳川家伝来《でんらい》の名刀《めいとう》を贈呈《ぞうてい》するとともに、持参《じさん》した絖《ぬめ》(地の深い表面がなめらかで光沢《こうたく》のある絹布《けんぷ》)に揮毫《きごう》を依頼《いらい》した。そのときこうのべた。

「先生の御目《おめ》のつけ処《どころ》は衆人《しゅうじん》に及《およ》ばぬ処《ところ》でございます。私はこれから天理《てんり》にそむかぬ様《よう》に致《いた》すつもりでございます。依《よ》ってこの絖へ〝楽天理(天理を楽しむ)〟と御認《おしたた》め下《くだ》さいまし」

海舟もまた感慨《かんがい》無量《むりょう》あふれる涙をとどめることができなかった。そのあと明治三十五年、慶喜《よしのぶ》は公爵《こうしゃく》を授けられるのである。朝廷《ちょうてい》・官軍《かんぐん》に刃向《はむ》かった朝敵《ちょうてき》とされた慶喜が命を全《まっと》うするのみならず貴族として最高の栄誉《えいよ》を受《う》けたのである。このような歴史が外国にあるだろうか。海舟は慶喜参内《さんだい》のとき次の歌を詠《よ》んだ。

鎌倉《かまくら》に　もとゐ開《ひら》きし　その末《すゑ(え)》を
　まろかに結《むす》ぶ　今日《けふ(きょう)》にもあるかな

源　頼朝《みなもとのよりとも》が開いた幕府《ばくふ》を七百年後、徳川慶喜が大政奉還《たいせいほうかん》・恭順《きょうじゅん》という道を踏《ふ》むことにより幕府政治を終らせ明治維新の成就《じょうじゅ》に少なからぬ貢献《こうけん》をして、いま明治天皇と昭憲皇太后から鄭重《ていちょう》なもてなしを受けて嘉賞《かしょう》を賜《たまわ》った悦びを詠んだものである。慶喜参内が実現した日こそ海舟が三十年間待ちに待った日であった。海舟はこの日をもちきたらすことを己《おの》れの最終の責務《せきむ》として見事にこれを成就《じょうじゅ》した翌年明治三十二年一月十九日、この世を終えた。

日本開闢以来の人豪

勝海舟の成《な》し遂《と》げたことは、他の何人《なんぴと》もあたわざるものであった。西郷隆盛とともにおし開いた新生日本の行末《ゆくすえ》を西郷なきあと一身《いっしん》にして見届《みとど》け、かくのごとき徳川慶喜の名誉回復《めいよかいふく》により幕府側と薩長側の対立相克《たいりつそうこく》の感情を洗《あら》い流し、明治維新という未曾有《みぞう》の大業《たいぎょう》の局《きょく》を結んだことは、まことに比肩《ひけん》すべきもののない大功《たいこう》であった。

海舟の明治三十年間は気楽《きらく》な隠居《いんきょ》生活ではなく辛苦《しんく》の逆境《ぎゃっきょう》であり、三十年間やってきたことは政治そのものであった。明治維新を根付《ねづ》かせ、日本が統一国家として欧米列強に伍《ご》してゆく（同等の位置に並ぶこと）基盤《きばん》を揺《ゆ》るぎなきものにするためひたすら肝胆《かんたん》を砕《くだ》き続けたのである。そのため何より重大なことが、官軍《かんぐん》と賊軍《ぞくぐん》とに相分《あいわか》れ相争《あいあらそ》った憎悪《ぞうお》・怨恨《えんこん》の感情の払拭《ふっしょく》（払いのぞくこと）であり、そのため慶喜の参内《さんだい》こそ必須不可欠《ひっすふかけつ》の神聖《しんせい》な「和解《わかい》の儀式《ぎしき》」であったのである。

思えば海舟一生の不撓不屈《ふとうふくつ》の精神と努力は人間業《にんげんわざ》を超《こ》えるものがあった。実《じつ》にとてつもない人物であった。幕末の最も困難な局面《きょくめん》において幕臣《ばくしん》から裏切者扱いされ、西郷を除《のぞ》く新政府首脳から猜疑《さいぎ》された中にあって万難辛苦《ばんなんしんく》、驚くべき根《こん》気《き》と忍耐《にんたい》を以《もっ》て西郷とともに新生日本の基礎《きそ》を打《う》ち固《かた》めることに心血《しんけつ》を注《そそ》いだのである。

海舟塾で塾頭《じゅくとう》をつとめ、わが国統計学の草分《くさわけ》として後《のち》に法学博士、帝国学士院会員となった杉亨二《すぎこうじ》は海舟を「日本開闢以来《かいびゃくいらい》の人豪《じんごう》」と賛《たた》えたが、決して身《み》びいきのほめ言葉ではなく、そうよばれるに足《た》る稀有《けう》の大人物であったと言えよう。それゆえにこれほどの巨人の真価《しんか》を知る者は内輪《うちわ》（内部）を除《のぞ》いてほとんどなく、真に海舟を知り得《え》たのは結局、西郷隆盛唯一人《ただひとり》であった。

一世の達人の言葉に学ぶ

海舟が最晩年に語った語録《ごろく》である『氷川清話《ひかわせいわ》』は、この一世《いっせい》の人傑《じんけつ》、人生の達人《たつじん》ともいうべき人物の七十余年の学問・修業と経験から発せられた数々の貴重な言葉の宝庫《ほうこ》といってよい。机上《きじょう》の空論《くうろん》ではなくみな海舟の体験に裏づけられている金《きん》科玉条《かぎょくじょう》である。中高生の将来に必ずや為になる言葉を掲《かか》げよう。

「顧《かえり》みれば幕末の風雲《ふううん》に乗《じょう》じて起《おこ》り、死生《しせい》の境《さかい》に出入《でい》りをしてその心胆《しんたん》（心、肝玉《きもだま》）を錬《ね》り、窮厄《きゅうやく》の域《いき》（困難に会ってひどく苦しむこと）に浮《う》き沈《しず》みしてその清節《せいせつ》（汚《けが》れなき清らかな節操《せっそう》、誠《まこと》、忠孝仁義《ちゅうこうじんぎ》の精神）を磨《みが》き、ついに王政維新《おうせいいしん》（明治維新）の大業《たいぎょう》を仕遂《しと》げた元勲《げんくん》（大きな功績のあった人物）は既《すで》に土《つち》になって、今はその子分共《こぶんども》が政治を執《と》ってはいるけれども……。どうだ、今の書生《しょせい》（学生）の中にこの大責任に堪《た》えるだけのものがあるか」

海舟は世界史の奇蹟《きせき》である明治維新が実現できたのは、西郷隆盛始め吉田松陰《よしだしょういん》、島津斉彬《しまづなりあきら》、高杉晋作《たかすぎしんさく》、坂本龍馬《さかもとりょうま》ら（そうして海舟自身を含めて）真《しん》に元勲《げんくん》とよばれるに値《あたい》する志士《しし》たちが、清節《せいせつ》を磨《みが》き忠誠心と義勇《ぎゆう》の心を奮《ふる》い起《おこ》し身命《しんめい》を捧《ささ》げた結果であるとのべているのである。

「今の書生輩《ばら》（学問をする者）はただ一科《いっか》の学問を修《おさ》めて多少知恵がつけばそれに満足してしまって、更《さら》に進んで世間の風霜《ふうそう》に打たれ人生の酸味《さんみ》を嘗《な》める（辛酸《しんさん》、艱難辛苦《かんなんしんく》を味《あじ》わうこと）というほどの勇気を持っているものは少ないようだ」

「天下は大活物《だいかつぶつ》（生き物）だ。区々《くく》たる（小さな、細《こまか》い、ささいな）没学問《ぼつがくもん》（死んだ学問、役立たぬ学問）や小知識《しょうちしき》ではとても治《おさ》めて行くことは出来ない。世間《せけん》の風霜《ふうそう》に打たれ、人生の酸味《さんみ》を嘗《な》め、世態《せたい》の妙《みょう》を穿《うが》ち（社会の有様《ありさま》、世間の裏表《うらおもて》についてよく知ること）、人情の微《び》を究《きわ》めて（人間の心、微妙な人情をよく知ること）、しかる後《のち》ともに経世《けいせい》（経世済民《けいせいさいみん》〈世《よ》を経《おさ》め民《たみ》を救《すく》うこと〉、政治のこと）の要務《ようむ》（重要な任務）を談《だん》ずることが出来るのだ。小学問や小知識を鼻に掛《か》けるような天狗《てんぐ》先生は仕方《しかた》がない（どうしようもない）。それゆえに後進《こうしん》の書生《しょせい》らは、机上《きじょう》の学問ばかりに凝《こ》らず、更《さら》に人間万事《ばんじ》について学ぶ、その中に存《そん》する一種《いっしゅ》のいうべからざる妙味《みょうみ》（きわめてすぐれた味、よいところ)を噛《か》みしめて、しかる後《のち》に机上《きじょう》の学問を活用《かつよう》する方法を考え、また一方《いっぽう》には心胆《しんたん》を錬《ね》って確固《かっこ》不抜《ふばつ》の大節《たいせつ》(重い節義《せつぎ》、国家社会の為になる重要な忠義《ちゅうぎ》・忠誠《ちゅうせい》)を立てるように心掛《こころが》けるがよい。かくしてこそ初めて十年の難局《きょく》(長期にわたる国家の危機《きき》・むつかしい大仕事)に処《しょ》して、誤《あやま》らないだけの人物となれるのだ。かえすがえすも後進《こうしん》の書生《しょせい》に望むのは、奮《ふる》ってその身《み》を世間《せけん》の風浪《ふうろう》(大風と荒浪《あらなみ》、艱難辛苦《かんなんしんく》)に投《とう》じて、浮《う》かぶか沈《しず》むか、生きるか死ぬるかのところまで泳いで見ることだ。この試練《しれん》に落第《らくだい》するようなものは到底仕方《とうていしかた》がないさ(どうしょうもない)」

西郷隆盛らのことを心に思いながら、海舟自身の体験にもとづいて語られた実《じつ》に貴重《きちょう》な価値《かち》ある教訓《きょうくん》にほかならない。七十七歳まで生きた海舟ほど「世間の風霜に打たれ人生の酸味を嘗め、世態の妙を穿ち人情の微を究めて」「死生《しせい》の境《さかい》に出入りをしその心胆を錬り窮厄《きゅうやく》の域《いき》に浮き沈みしその清節《せいせつ》を磨《みが》」いた人物はそういなかった。年若い中高生諸君にとり、この言葉はまだ切実《せつじつ》(深くまことに思うこと)に身《み》に沁《し》みてこないかもしれないが、たびたび読み直してよく味わってほしい。

「一身《いっしん》の栄辱《えいじょく》（栄誉《えいよ》と屈辱《くつじょく》）を忘れ、世間《せけん》の毀誉《きよ》（非難《ひなん》と賛嘆《さんたん》）を顧《かえり》みなくって、そして自ら信じるところを断行《だんこう》する人があるなら、世の中ではたとえその人を大悪人といおうが大奸物《だいかんぶつ》（大悪人と同じ意味）といおうが、おれはその人に与《くみ》するよ（味《み》方《かた》すること）。つまり大事業を仕《し》遂《と》げるくらいの人は、かえって世間からは悪く言われるものさ。おれなども一時は大悪人とか大奸物《だいかんぶつ》とかいわれたっけ。しかしこの間の消息《しょうそく》（様子、事情）を分《わか》る人は甚《はなは》だ少いよ」

徳川家の恭順《きょうじゅん》を貫《つらぬ》こうとしたとき海舟は、「国賊《こくぞく》」「売国奴《ばいこくど》」「大逆臣《だいぎゃくしん》」「大奸《だいかん》賊《ぞく》」と言われた。西郷は「勝に騙《だま》された」と非難された。しかし両者は万難を排し「一身《いっしん》の栄辱《えいじょく》を忘れ世間の毀誉《きよ》を顧《かえり》みず」大事業を成《な》し遂《と》げたのである。

「万般《ばんぱん》（すべて）の責任を一人で引き受けて、非常な艱難《かんなん》にも堪《た》え忍《しの》び、そして綽々《しゃくしゃく》として余裕《よゆう》があるということは大人物でなくては出来ない。こんな境遇《きょうぐう》においては、その胸中の煩悶《はんもん》（もだえ苦しむこと）は死ぬよりも苦しいよ」

西郷・海舟談判時の両者の立場と心胸《しんきょう》をのべたものである。海舟の胸の中にはいつも西郷がいたのである。

才知よりも大切なものは胆力・度胸・根気・忍耐

「今の若い人はどうも才気《さいき》(才知、才能、知識)があって、肝腎《かんじん》(最も大事なこと)なか胆力《たんりょく》というものが欠けているからいけない。いくら才気があっても胆力がなかった日には何が出来るか。天下の事は口頭《こうとう》(口先)や筆端《ひったん》(書物、理論)ではなかなか運《はこ》ばない。何《なに》にしろ今の世の中は胆力のある人間が一番必要だ」

胆力とは太い肝玉《きもだま》・勇気・気力・気魄《きはく》・強い意志、決断力である。海舟は才気・才能もずば抜けていたがそれ以上にもっていたのが胆力・勇気であり、それを鍛《きた》え上げたのが青年時の剣術と坐禅《ざぜん》そして艱難辛苦《かんなんしんく》であったことは既述《きじゅつ》した。

「人間は胆力の修養《しゅうよう》がどうしても肝腎《かんじん》だよ」

「学問に凝《こ》り固《かた》まっている今の人は声ばかり無暗《むやみ》に大きくて肝玉の小さきことは実に豆のごとしで、空威張《からいば》りには威張るけれどもまさかの場合に役に立つものは殆《ほとん》ど稀《まれ》だ。みんな縮《ちぢ》み込《こ》んでしまう先生ばかりだ」

「世《よ》に処《しょ》するにはどんな難事《なんじ》に出会っても臆病《おくびょう》ではいけない。さあ何程《なにほど》（いかなること）でも来い。おれの身体《からだ》がねじれるならばねじって見ろ、という了見《りょうけん》（考え）で事を捌《さば》いて行く時は、難事が到来《とうらい》すればするほど面白味《おもしろみ》がついて来て、物事は雑作《ぞうさ》もなく（困難もなく）落着《らくちゃく》してしまうものなのだ。なんでも大胆に、無用意《むようい》に（この場合は、無心《むしん》に迷《まよ》わずにの意）打ちかからなければいけない。どうしようか、こうしようかと思案《しあん》してかかる日にはもういけない。むつかしかろうが易《やさ》しかろうがそんな事は考えずにいわゆる無我《むが》という真境《しんきょう》に入《はい》って無用意に打ちかかって行くのだ。」

「なにごとにも根気《こんき》が本《もと》だ。国民が今少し根気強くならなくっては、とても大事な大事業は出来ないよ。人間は活物《かつぶつ》（生き物）だから気を養うのが第一さ。」

「世の中の人はたいてい事業の成功するまでにはや根気が尽《つ》きて疲れてしまうから大事が出来ないのだよ。根気が強ければ敵も遂《つい》には閉口《へいこう》して味方《みかた》になってしまうものだ。確乎《かっこ》たる方針《ほうしん》を立て、決然《けつぜん》たる自信《じしん》をもって知己《ちき》を千載《せんざい》（千年）の下《もと》に求める覚悟《かくご》で進んで行けば、いつかはわが赤心《せきしん》（真心・誠）の貫徹《かんてつ》する機会《きかい》が来て、従来敵視《じゅうらいてきし》していた人の中にも互いに肝胆《かんたん》を吐露《とろ》しあうほどの知己《ちき》も出来るのだ。区々《くく》たる（小さく取るに足らないさま）世間の毀誉褒貶《きよほうへん》（ほめることとけなすこと）を気に懸《か》けるようでは到底仕方《とうていしかた》がない。そこへ行くと、西郷などはどれほど大きかったか分らない。……昨日まで敵味方であったという考えは、どこかへ忘れてしまったようだった。その度胸の大きいにはおれもほとほと感心したよ。あんな人物に出会うと、たいていのものが知らず識《し》らずその人に使われてしまうものだ。小《こ》刀細工《がたなざいく》（小手先《こてさき》の策略《さくりゃく》）や口頭《こうとう》の小理屈《こりくつ》では世の中はどうしても承知《しょうち》しない」

またもや西郷である。西郷の人物・精神・行動と海舟のそれが交《まじ》り合《あ》い融《と》け合《あ》ったのが海舟の人生訓《じんせいくん》の柱であったのである。

「人間は難局《なんきょく》（困難な物事）に当《あた》ってびくとも動かぬ度胸が無くては、とても大事は負担《ふたん》することは出来ない。今の奴らはややもすれば智恵をもって一時逃《いちじのが》れに難《なん》関《かん》を切り抜こうとするけれども、知恵には尽《つ》きる時があるからそれは到底無益《とうていむえき》だ」

「文臣《ぶんしん》（政治や外交にあたる政治家・役人）は才智《さいち》があって勇断《ゆうだん》（勇気と決断力）がなく、

武臣《ぶしん》（軍人）は勇断があっても才智がないのは、実に古今《ここん》（昔から今まで）同一《どういつ》の嘆《たん》（嘆き）だ。大事に当って国家の安危《あんき》と万民の休戚《きゅうせき》（幸福と不幸）とを一身《いっしん》に引き受け、そして断々乎《だんだんこ》として事を処理《しょり》するような大人物は、今の世に何人あるか。当今《とうこん》の時勢《じせい》、うたた（いよいよ、ひどく）この嘆を深うするものがある」

これまた西郷隆盛と海舟自身のことを頭において語ったことである。

「（人物の値打《ねうち》の）上《あが》り下《さが》りの時間も長くて十年はかからないよ。それだから自分の相場《そうば》（値打・価値）が下落《げらく》したと見たら、じっと屈《かが》んでおればしばらくするとまた上って来るものだ。上り下りの十年間の辛抱《しんぼう》が出来る人はすなわち大豪傑《だいごうけつ》だ。おれなども現《げん》にその一人だよ。そう急いでも仕方《しかた》がないから寝ころんで待つのが第一さ」

「逆境《ぎゃっきょう》にでも陥《おちい》った場合にはじっと騒《さわ》がず寝ころんでいて、また後の機会が来るのを待っている」

苦境《くきょう》、逆境に陥ったときの心構《こころがま》えである。海舟は神戸海軍操練所《そうれんじょ》を潰《つぶ》され軍艦奉行をやめさせられて冷遇《れいぐう》されてから約三年間、毎日午前・午後・夜、日本の古典・漢書《かんしょ》・西洋の書物を交互《こうご》に読み続けた。「寝ころんで」いたのではなく、ひたすら学問と修養《しゅうよう》に励《はげ》んで、機会がやってくるのを待ったのである。海舟ほど根気《こんき》強く、辛抱《しんぼう》強く「待つ」ことに徹底《てってい》した人物は稀有《けう》である。維新後の三十年間は海舟にとり逆境そのものであったが、待ちに待って西郷の名誉回復と徳川慶喜の参内《さんだい》を実現したのである。全《まった》く人間離れをした巨人・大人物であった。

処世の秘訣は「誠」の一字

「人間に必要なのは平生《へいぜい》の工夫《くふう》で、精神の修養ということが何より大切だ。いわゆる心を明鏡止水《めいきょうしすい》（心に邪念《じゃねん》がなく明るく清らかなこと）のごとく磨《みが》き澄《す》ましておきさえすれば、いかなる事変《じへん》が襲《おそ》うて来《き》てもそれに処《しょ》する方法は自然と胸に浮んで来る」

「人は精神が第一だよ」

「政治をするには学問や知識は二番目で、至誠《しせい》（深い誠の心・真心《まごころ》・神の心）奉公《ほうこう》の精神が一番肝腎《かんじん》だ。要《よう》はただ誠実《せいじつ》を以《もっ》て君(天皇)と国に忠《ちゅう》する(忠義《ちゅうぎ》・忠節《ちゅうせつ》を尽《つく》す)にある。政治家の秘訣《ひけつ》はほかにないのだよ。唯々正心誠意《ただただせいしんせいい》の四字しかないよ」

「ただただ一片《いっぺん》の至誠《しせい》(深い誠の心・真心・神の心)と断乎《だんこ》たる決心とをもって、上《かみ》御一人《ごいちにん》(天皇)を奉戴《ほうたい》(仰《あお》ぎ戴《いただ》くこと)して四千万国民が一致《いっち》協力してやれば、なあに国際問題などは屁《へ》でもないのさ(容易に解決できるとの意味)」

「男児《だんじ》世《よ》に処《しょ》する、ただ誠意正心《せいいせいしん》をもって現在に応《おう》ずるだけの事さ。要するに処世の秘訣《ひけつ》は誠《まこと》の一字だ」

勝海舟を稀世《きせい》の人傑《じんけつ》たらしめたは結局、誠の心であったのである。「まこと(誠・真・実・信〈みなまことと訓《よ》む〉)」つまり「明《あか》き清《きよ》き直《なお》き誠《まこと》の心」こそ日本人の生き方の根本であり、信仰であり宗教である。言い換《か》えると「神《かみ》の道《みち》」「神道《しんとう》」「神《かん》ながらのまことの道」である。

参考文献

『勝海舟全集』（全23巻）　講談社　昭和47年〜平成6年
『氷川清話』　勝海舟　講談社学術文庫　平成12年
『海舟座談』　巌本善治編　岩波文庫　昭和58年
『海舟語録』　江藤淳・松浦玲編　講談社学術文庫　平成16年
『海舟語録・付海舟詩歌集抄』　講談社文庫　昭和50年
『勝海舟伝』　徳富蘇峯　改造社　昭和7年
『勝海舟』　松浦玲　筑摩書房　平成21年
『勝海舟』（上下）　勝部真長　ＰＨＰ研究所　平成5年
『勝海舟』（上下）　津本陽　潮出版社　平成15年
『勝海舟』（全6巻）　子母沢寛　新潮文庫　昭和43〜44年
『父子鷹』　子母沢寛　中央公論社　昭和47年
『海舟余波』　江藤淳　文芸春秋　昭和49年

『勝海舟』村上元三　学習研究社　昭和56年
『勝海舟』石井孝　吉川弘文館　昭和49年
『山岡鉄舟を語る』小倉鉄樹　井田書店　昭和17年
『徳川慶喜』家近良樹　吉川弘文館　平成16年
『徳川慶喜』家近良樹　吉川弘文館　平成26年
『慶喜の捨て身』野口武彦　新潮新書　平成13年
『慶喜のカリスマ』野口武彦　講談社　平成15年
『鳥羽伏見の戦い』野口武彦　中公新書　平成12年
ほか

第三話

今村均——昭和の聖将

今村　均

明治19年(1886)～昭和43年(1968)
宮城県仙台市出身。陸軍軍人。陸軍大将。温厚で高潔な人柄と、卓越した統率力、占領地でのすぐれた軍政により「昭和の聖将」と称された。

1、前半生の辛苦

昭和の聖将

大東亜戦争《だいとうあせんそう》は欧米《おうべい》諸国による数百年間にわたる非西洋人に対する徹底的《てっていてき》な人種《じんしゅ》偏見《へんけん》にもとづく植民地支配《しょくみんちしはい》を終らせ、非西洋諸国を解放《かいほう》・独立せしめ、遂《つい》に人種平等の世界を実現した世界史における最重要の歴史である。日本一国の血涙《けつるい》の努力によってそれを成《な》し遂《と》げたこの上ない偉大な貢献《こうけん》については、第七巻の藤原《ふじわら》岩市《いわいち》のところでのべた。

最後に敗北はしたものの、大東亜戦争においては後世《こうせい》に永久にその名をとどめるに値《あたい》する人間的にも申し分のない卓越《たくえつ》（とびぬけてすぐれていること）した軍人が幾人《いくにん》も出た。その一人が既《すで》に紹介《しょうかい》した藤原岩市陸軍中佐《ちゅうさ》である。このほかに阿南惟幾《あなみこれちか》（陸軍大将《たいしょう》）、牛島満《うしじまみつる》（陸軍大将）、栗林忠道《くりばやしただみち》（陸軍大将）、岡田資（陸軍中将《ちゅうじょう》）、中川州男《なかがわくにお》（陸軍中将）、大西瀧治郎《おおにしたきじろう》（海軍中将）、大田實《おおたみのる》（海軍中将）、黒木博司《くろきひろし》（海軍少《しょう》佐《さ》）、仁科関夫《にしなせきお》（海軍少佐）らの名将《めいしょう》、勇士《ゆうし》らがいるが、中でも「昭和の聖将《せいしょう》」「昭和の乃木大将《のぎたいしょう》」とたたえられたのが、陸軍きっての不敗《ふはい》の名将であった今村均《いまむらひとし》大将である。

今村はインドネシア方面の総指揮官《そうしきかん》としてインドネシアを三百数十年間植民《しょくみん》地《ち》として支配したオランダ軍をわずか二、三ヵ月で打ち倒し降伏《こうふく》させた。兵力五万人の日本軍が十万人以上のオランダ軍を圧倒《あっとう》したのである。このオランダ軍の撃退《げきたい》がやがて一九四九年、インドネシアの独立を導く礎《いしずえ》となった。そのあと今村はラバウルに移りアメリカ軍を迎《むか》え撃《う》つが、卓越した戦略《せんりゃく》と指揮《しき》・統率《とうそつ》により米軍の進攻《しんこう》を最後まで阻《はば》み抜《ぬ》いた。

しかし終戦後は「戦争犯罪人（戦犯《せんぱん》ともいわれた）」とされて、不正不当な軍事裁判にかけられ無実《むじつ》の罪で十年の禁固刑《きんこけい》を受けた。昭和二十九年刑を終え四十三年、八十二歳で亡《な》くなる。この間《かん》、今村はかつて部下であった戦死者、戦犯とされて刑死《けいし》した人々の慰霊《いれい》を始め、その遺族《いぞく》やまた生存《せいぞん》する旧部下とその家族の生活の支援救助活動《しえんきゅうじょかつどう》に余生《よせい》のすべてを捧《ささ》げるのである。

今村は陸軍の最高幹部《かんぶ》の一人として、祖国を敗戦に至《いた》らしめ数多くの部下を戦死、刑死させその家族に言い知れぬ艱難辛苦《かんなんしんく》を嘗《な》めさせたことに深い責任《せきにん》を感じた。今村は老体《ろうたい》を厭《いと》わず旧部下の遺族・家族のために亡くなる時まで渾身《こんしん》（自分の全《すべ》てを出し尽《つ》くすこと）の努力を傾《かたむ》けたが、それが彼らに対するせめての償《つぐな》いであると思った。

今村は自宅の庭に三畳の小屋を建ててそこで寝起《ねお》きしたが、それはあたかも罪人の如《ごと》き謹慎《きんしん》・幽囚《ゆうしゅう》（とらわれびと）の生活であった。あくまで旧部下たちに思いを馳《は》せ苦楽《くらく》を分《わか》ち合い、生きて責任をとり続けたのである。

両親と恩師の愛情

今村均《いまむらひとし》は明治十九年六月二十八日、仙台《せんだい》市に生まれた。父は虎尾《とらお》、伊達藩士《だてはんし》の出《で》である。祖父は兵法《へいほう》、学問ともに傑出《けっしゅつ》した武士であった。虎尾は人柄、頭脳ともにすぐれ、ことに両親への孝養篤《こうようあつ》く仙台では評判の孝行《こうこう》息子であった。明治維新後一家は生活に苦しみ、虎尾は十五歳ごろから裁判所の給仕《きゅうじ》となったが、やがて独学《どくがく》で判事《はんじ》の登用《とうよう》試験に全国二番目の成績で合格して裁判官となった。だが慈悲《じひ》深く同情心《どうじょうしん》の厚い虎尾は、人を裁《さば》き刑罰《けいばつ》を定めるこの仕事が自分には不向きと思い、暇《ひま》さえあれば好きな漢詩を作っていた。

母の清見《きよみ》もまた武家《ぶけ》の生まれで父は陸軍大尉《たいい》である。実《じつ》に気丈《きじょう》（心のしっかりしていること）な立派《りっぱ》な母で艱難《かんなん》に耐《た》え忍《しの》ぶ心の強い性格の女性であり、子供たちの躾《しつけ》は厳《きび》しかった。虎尾との間に九人の子供を授かった。虎尾が早くに亡くなったのでいまだ年少の子らを育て上げるのに大変な苦労をした。

　年少時の今村は体は小さかったが元気溌剌《はつらつ》たる腕白《わんぱく》少年で、強情《ごうじょう》で負けず嫌いの餓鬼《がき》大将《だいしょう》であった。どんなに叱《しか》られても上級生などと喧嘩《けんか》しても決して泣いたりしたことがないから、みんなに「強情者」と言われたと今村は語っている。しかしこの餓鬼大将には一つだけ弱みがあった。それは寝小便《ねしょうべん》で九歳の時まで直《なお》らなかった。夜中に五六度も便意《べんい》を催《もよお》すという特殊体質《とくしゅたいしつ》で晩年《ばんねん》まで変らなかった。そのためいつも寝不足で、授業中つい居眠《いねむ》りをしてしまう。いくら注意しても睡魔《すいま》におそわれてしまうこの癖《くせ》に悩まされ続け、そのたびに先生に叱《しか》られ立たされたりした。まわりから「寝小便たれ」とからかわれると相手がいかに年上でも、死にもの狂いで立ち向う「強情者」であった。しかし祖父と父親譲りの今村の頭脳はとび抜けており、小学校、中学校では常に首席《しゅせき》、陸軍士官《しかん》学校、陸軍大《だい》学校《がっこう》でも最優秀《さいゆうしゅう》であった。

　父が甲府《こうふ》の裁判所に勤めていた時、忘れがたい思い出が二つある。小学四年生、九歳の時の担任《たんにん》教師が藤田菊次郎《ふじたきくじろう》であった。藤田は甲府師範《しはん》学校を卒業したばかりの十八、九の青年であった。今村は兄弟姉妹が多いから毎月の小遣《こづか》いで二冊しか本が買えなかった。優秀な今村が読書好きなことを知った藤田は、今村に二十銭銀貨《せんぎんか》を与えて言った。

「これで本を買ってお読み。他の者には黙《だま》っておいで」

家に帰ると母が「この本はどうしたのです」と問うた。わけを話すと、

「よそのお方からただでお銭《ぜに》をいただくのは乞食《こじき》さんと一緒《いっしょ》です。さ、すぐにお返ししてきなさい」

といって二十銭銀貨をとり出して渡した。今村は、「母はどことなくこわかったし、それにとても力が強いので、母に反抗《はんこう》するような気持は起きず、しかたなしにまた二千メートル以上もはなれた府中《ふちゅう》に出かけた」とのべている。今村は藤田に母の言いつけを話した。藤田はこう語った。

「そうか。銭でなしに本にしてやればよかったな。父兄会《ふけいかい》でおまえのお母さんとは二度会っている。先生も頭が下《さが》るような偉いお人だ。立派《りっぱ》なお母さんをもって仕合《しあわ》せだ。わたしは学校の往《ゆ》きかえりおうちの前を通り、時々お母さんのお声をきく。おまえの寝小便のことも兄さんたちの声で知っている。よくお母さんに叱《しか》

られるようだな」

今村は、「私は先生に最も大きい恥《はじ》である寝小便を知られていることがことごとく恥《は》ずかしくなり、ついうなだれてしまった」と語っている。すると先生はやさしく言った。

「寝小便なんか恥ずかしがらんでもいい。もっと大きくなればきっと治《なお》る。世の中で一番有難いものはお母さんの子に対するお心だ。お母さんのお叱りはただお前をよくしようとのためのものだ。よく言いつけをお守り」

今村は、「嬉しくてか悲しくてかわからぬ涙がしばらくとまらなかった」と記している。会話は続く。

「泣かんでもいい。来週ひと晩泊《ばんどま》りの河口湖遠足《えんそく》にお前は行かない届《とど》けを出しているが、寝小便のためかい」

「宿屋《やどや》のお布団《ふとん》をよごしてはすまないとお母さんはいいますし、組の友達みんなに寝小便を知られるのは恥ずかしいからです」

「そうだろうと思っていた。明日学校からの帰り道にお母さんにお会いし、行くことにしていただこう。心配しないでいい」

遠足の日の夜、今村は藤田のとなりに寝かせられて四、五へん起こされ便所に連れて行かれた。朝起きて着物も布団も濡《ぬ》れていないとわかった時、何《なん》ともいえぬ喜びだった。帰宅《きたく》して、幾度《いくど》も先生に起こされて無事《ぶじ》にすんだことを話すと母は目に涙を浮かべて言った。

「なんて藤田先生はご親切《しんせつ》な方だろう。ひと晩中お休みにならないで、あんたのお寝《ね》しょうを用心《ようじん》していて下《くだ》さったのですよ。このご恩を忘れては罰《ばち》があたりますよ」

今村の藤田先生に対する尊敬と感謝は絶対のものとなった。この年やがて今村の寝小便は直《なお》った。

寝小便が直り負け目《ひめ》がなくなってから、今村の餓鬼大将《がきだいしょう》ぶりは一層発揮《いっそうはっき》された。山梨は名高い葡萄《ぶどう》の産地《さんち》である。今村は多くの仲間を指図《さしず》する「悪《あく》たれ隊《たい》長《ちょう》」となって葡萄畑に忍《しの》びこんでもぎとった。大した罪の意識《いしき》もなく遊戯《ゆうぎ》、いたずら気分《きぶん》でやったのである。ところが五回目にとうとうつかまった。若いお百《ひゃく》姓《しょう》さんは今村の家まで連れて行き、母に事情《じじょう》を話した。母は仰天《ぎょうてん》（とても驚くこと）して謝《あやま》りお札《さつ》を紙に包《つつ》んで渡した。そのあと母は今村の両手を手拭《てぬぐい》でしばり、「この手ですか。ひとさまの物を盗《ぬす》んだのは」といって、今村の手の甲《こう》をひねり、涙を流しながら腰のあたりをたたいて叱《しか》った。夕方、父が帰った。いつもはにこにこして決して子供を叱らない父が厳《きび》しい表情で、「悪いことをしたことがよくわかったか」といった。今村は「とても悪いことをしたのだな」という自覚《じかく》が生《しょう》じて、「僕、悪かったとわかりました。もう決して人の物なんか盗《と》りません」と心から謝《あやま》った。後年、「聖将《せいしょう》」とまでたたえられた今村も少年時、人後《じんご》に落ちぬいたずら者の「悪たれ隊長」だったのである。しかしこうした立派な両親や恩師の愛情、訓戒《くんかい》（善悪を教えていましめること）が今村を大成《たいせい》（りっぱにつくりあげること）させるのである。今村は大器晩成《たいきばんせい》の人物であった。

天長節の感激

今村は中学二年の時、新潟県の新発田《しばた》中学に転校《てんこう》した。今村は生来《せいらい》読書好きだったが、中学生になって益々《ますます》その趣味《しゅみ》を増して、歴史・文学・思想・宗教等の書物を貪《むさぼ》り読み、文芸部《ぶんげいぶ》の委員にもなり校友会《こうゆうかい》雑誌の編集《へんしゅう》までした。新発田中学を首席《しゅせき》で卒業した今村は、第一高等学校か東京高等商業学校（現一橋大学）に進みたかった。当時は軍人の道を進む気持は少しもなかったのである。だが卒業した年、父が病気で急逝《きゅうせい》した為、学費の目途《めど》が立たなくなった。年少の子供を多くかかえる母はお金のかからない陸軍士官《しかん》学校への入学を強くすすめた。どうしても一高《いっこう》か高商《こうしょう》に行きたかった今村は悩みに悩んだ。

この時今村は受験勉強のため上京して叔父《おじ》の家で世話になっていた。時は明治三十七年、日露戦争の真最中《まっさいちゅう》であった。十一月三日の天長節《てんちょうせつ》（明治天皇のお誕生日）の日、青山練兵場《れんぺいじょう》で観兵式《かんぺいしき》が行われたが、今村は観兵式を拝観《はいかん》しようと出かけた。一目《ひとめ》でも明治天皇を拝《おが》もうとする幾万《いくまん》もの市民が青山通りの両側に幾重《いくえ》にもぎっしりと立ち並んでいた。

　観兵式が終って天皇のお馬車《ばしゃ》が通りに出て来ると、人々は「万歳《ばんざい》」「万歳」を叫び、お馬車に向って殺到《さっとう》した。警官の制止《せいし》などどうにもならず、お馬車は全《まった》く人波《ひとなみ》に包《つつ》まれて少しも動けない。人々はみな涙を流して万歳を絶叫《ぜっきょう》している。大海《たいかい》の波音《なみおと》のような万歳、万歳の声は少しもやまない。気がついて見ると今村は人波にもみにもまれて、お馬車のすぐ手前《てまえ》二メートルのところまで押《お》し出されていた。今村は明治天皇のお顔をはっきり拝《はい》することができた。今村は心をこめて「天皇陛下万歳」を三唱《さんしょう》した。幾筋《いくすじ》もの涙がほおを伝わった。天皇は静かにうなずかれながら左に右にご会釈《えしゃく》を賜《たまわ》っておられた。

　やがて数百名の歩兵部隊《ほへいぶたい》が駆《か》けつけ人波《ひとなみ》をかきわけ、ようやくお馬車は前に進み宮殿《きゅうでん》へ向った。人々はなおも狂《くる》えるように万歳を連呼《れんこ》した。今村は名状《めいじょう》に尽《つ》しがたい感銘《かんめい》を受けた。

「嗚呼《ああ》、これが日本のお国柄《くにがら》だった」

今村は「君民一体《くんみんいったい》の大家族国家に感銘させられた」とのべている。この時わが国は民族の存亡《そんぼう》をかけた戦いを満洲《まんしゅう》、旅順《りょじゅん》、黄海《こうかい》で展開《てんかい》していた。帰途《きと》、今村は郵便局に立《た》ち寄《よ》り、直《ただ》ちに電報を打った。

「陸士受験《りくしじゅけん》する。不合格だったら現役兵《げんえきへい》を志願《しがん》する」

今村の軍人生活はこの日の感激から始まるのである。明治三十八年六月、陸軍《りくぐん》士官《しかん》学校に入学、同四十年六月、最優秀の成績で卒業した。時に二十一歳、初任《しょにん》地《ち》は仙台の歩兵《ほへい》第四連隊《れんたい》である。連隊長は日清・日露の両戦争を経験した歴戦《れきせん》の勇将《ゆうしょう》河内礼蔵《かわちれいぞう》大佐《たいさ》である。河内は今村の人柄《ひとがら》を特に認めわが子の如《ごと》く可愛がり一人前《いちにんまえ》の将校《しょうこう》に鍛《きた》え上げることに骨折《ほねお》った。今村も河内を親とも仰《あお》ぎ悦服《えっぷく》（心から従うこと）した。今村の軍人生活中最も敬愛した恩人である。

はじめ軍人向きではないと思っていた今村は、軍隊生活が自分の性《しょう》に合っていることに気づいた。祖父《そふ》と父、武家出《ぶけで》の母の血が流れていたのである。脇目《わきめ》もふらず軍務《ぐんむ》に精励《せいれい》した今村は河内連隊長の強いすすめを受けて陸軍大学校に入学した。陸軍大学校は将来の高級指揮官《しきかん》を養成《ようせい》するための陸軍の最高学府であり、全国から粒《つぶ》よりの優秀な青年士官《しかん》が集る。今村はここで三年間学んだが大正四年最《さい》優等《ゆうとう》で卒業、大正天皇ご臨席《りんせき》のもと御前講演《ごぜんこうえん》を行う光栄《こうえい》に浴《よく》し恩賜《おんし》の軍刀《ぐんとう》を賜《たまわ》った。

母と妻の死

今村は大正六年二十九歳のとき、千田銀子《せんだぎんこ》と結婚した。二人の間に三人の子供を授かった。銀子は旧武家の娘として躾《しつけ》られたしとやかで容姿《ようし》の美しい人であった。妻の父、千田登文《のりぶみ》は前田藩の名門《めいもん》の出身で、西南《せいなん》の役《えき》、日清、日露両戦争に従軍した武道《ぶどう》の達人《たつじん》であった。

今村は「金沢市の今彦左《いまひこざ》（明治の大久保彦左衛門《おおくぼひこざえもん》——徳川家の忠臣《ちゅうしん》）」といわれた千田登文を敬愛し、上京するたびに彼の思い出話を聴《き》くことを楽しみにしていた。千田は乃木希典《のぎまれすけ》と深いつながりがあった。西南戦争の時、千田少尉《しょうい》は乃木が連隊長をつとめる歩兵第十四連隊の連隊旗手《きしゅ》を命ぜられたのが、乃木との交《まじわ》りの最初であった。しかし千田が赴任《ふにん》した時、連隊旗《れんたいき》は敵に奪われてそこにはなかった。乃木はこの上ない不名誉として深く責任を感じ自決《じけつ》（自ら命を絶つこと）しようとしたが、この戦いで大きな働きをしたとして責任を免《まぬか》れ、まわりから自決を押しとどめられたことを千田は聞き知った。しかし自責《じせき》の念が強い乃木の苦悶《くもん》はやまなかった。そばで見ている千田は、このままでは乃木連隊長は気が狂うか病気になって死んでしまうと心配するのである。千田は今村にこう語っている。

「いっそ死なしてあげるほうが武人《ぶじん》の名誉《めいよ》の為でもあり、心の苦悶をなくしてあげることにもなる。いい折《おり》を見て切腹《せっぷく》させてあげようと考えていたところ、日がたつにつれて乃木さんの人格がよくわかるに従い、今度は『このお方はお国のためにお生かしておかなけりゃならん』と思いこみ、それこそ親身《しんみ》になってお慰《なぐさ》めしてあげた。乃木さんもわしを弟のように、時には兄のようにおたよりになり、わしが何かいうと『うん、そうしよう』と受け入れたし、気分も少しずつほがらかさを加えるようにもなった」

千田は乃木より三つ年上であったが実《じつ》の兄弟の如き親交《しんこう》を結ぶのである。日清戦争後、師団《しだん》が増設《ぞうせつ》されたが金沢に第九師団がおかれたのは、「乃木将軍《しょうぐん》と登文翁《のりぶみおう》の心と心との話し合いの結果だった」と金沢の人々に信じられていたと今村はのべている。、今村は千田の話を聴いてから一層《いっそう》乃木希典《のぎまれすけ》を軍人の鑑《かがみ》(手本)として敬慕《けいぼ》した。そうして乃木が「明治の聖将《せいしょう》」として仰《あお》がれたように、後《のち》に今村も「昭和の聖将」「昭和の乃木大将」と仰がれるのである。立派な人物は必ず歴史上の偉人を胸に抱《いだ》いて自己を磨《みが》くが、今村にとりその最《さい》たる一人が乃木希典であった。

今村は陸軍大学校卒業後、歩兵第四連隊の中隊長《ちゅうたいちょう》、陸軍省軍務《ぐんむ》局課員、駐英《ちゅうえい》大使館付武官補佐官《たいしかんつきぶかんほさかん》、参謀本部《さんぼうほんぶ》部員などを歴任《れきにん》してそれぞれの職務《しょくむ》を忠実《ちゅうじつ》につとめた。

大正十五年、今村が少佐《しょうさ》の時、母が六十五歳で病死した。母は夫《おっと》の死後、九人の子供を育て上げるため並大抵《なみたいてい》ではない苦労を重ねた。姉妹四人は良家《りょうけ》に嫁《とつ》ぎ兄は銀行員、均始め四人の弟はみな将校《しょうこう》となり、これからは気楽《きらく》に余生《よせい》を送ることができようと母も子供たちも思っていた時に長逝《ちょうせい》したのである。母は今村を頼りにして同居《どうきょ》していた。年少時今村は寝小便やいたずらで母にさんざん苦労させ心配をかけたから、これから親孝行《おやこうこう》に励もうと思っていた矢先《やさき》、母は亡くなったのであった。「親孝行をしたいと思ったとき親はいない」と言う。今村は「お母さん、何ともおわびの申しようがありません」と心の中で叫び泣き濡《ぬ》れた。

その翌年《よくとし》、今村はインド駐在武官《ちゅうざいぶかん》となった。ところがこの地で重病にかかった。悪性熱帯マラリアであった。それが治《なお》った後も難病《なんびょう》におちいり手術までうけることになった。その時、妻の銀子が難産《なんざん》の末、亡くなるという悲劇の通知《つうち》が届いた。胎児《たいじ》は出産後四時間して亡くなった。

知らせを受けた今村は動顛《どうてん》(ものすごく驚くこと)した。言いようのない悲痛《ひつう》にとめどもなく涙が流れ出た。それは幾日《いくにち》も続いた。軍務一筋《ぐんむひとすじ》に打ちこんできた今村は、これまで母や妻をあまり大切にしてこなかったことが心から悔《く》やまれたのである。母の死の一年後、妻の死である。今村は己《おの》れを責《せ》めに責めた。

「銀子を殺したのは、この私の冷たい心だ」

今村は罪の意識にせめられて幾日も眠られない夜をすごした。ちょっとうとうとすると三児（十一歳、六歳、四歳）の泣き顔が瞼《まぶた》に浮かびはっと眼がさめる。心身《しん》ともに打ちのめされるのである。このあと手術を受けたが手術が長引き麻酔《ますい》がきれてものすごい痛みが体を走ったが、歯をくいしばってこらえた。
「積悪《せきあく》（悪を積み重ねること）の報《むく》い、母や妻を大切にしなかった罪業《ざいごう》の報いだ。当然《とうぜん》受けなければならない責罰《せきばつ》（責任と罰）だ」

この時四十一歳だが、今村の前半生における最も苦しい体験である。この苦しみから立直《たちなお》るのに時間がかかった今村は救いを宗教に求めた。今村は若い時から文学、思想、宗教に関心《かんしん》をもち聖書は早くから読んでいた。妻の死のあとにすがるようにして読んだのが親鸞《しんらん》の『歎異抄《たんにしょう》』であった。

今村は親鸞とその師法然《ほうねん》の説く仏《ほとけ》の慈悲《じひ》と救いの教えに深く共感共鳴《きょうかんきょうめい》した。今村は仏の慈悲とキリストの愛の教えは、本質的に一つだと思った。以後、歎異抄と聖書は今村の座右《ざゆう》の書となる。今村は軍人らしからぬところがあり文学や宗教に深く興味を持ち、まわりから「軍人としては哲学書、宗教書を読みすぎた」といわれた。しかしそれだからこそ普通の軍人とはいささか異《こと》なる聖将《せいしょう》とまで賛《たた》えられる名将《めいしょう》になりえたのである。少年時は別として青壮年時から晩年まで今村は謙虚《けんきょ》で慎《つつし》み深く強い求道心《ぐどうしん》と反省心をもって自己の至《いた》らなさをかえりみ、己《おの》れを磨《みが》くことを怠《おこた》らなかった。今村がこのような型破《かたやぶ》りの軍人になったのは、続けさまの母と妻と子の不幸な死に会ったことがそのきっかけであった。

2、インドネシアの解放と独立
――三百年間のオランダ植民地支配の終焉《しゅうえん》

満洲事変は国家的宿命

昭和六年八月、陸軍大佐《たいさ》の今村は陸軍の要職《ようしょく》である参謀本部《さんぼうほんぶ》作戦課長になった。その翌月《よくげつ》、起きたのが満洲事変《まんしゅうじへん》である。当時わが国における最も重要な問題の一つが満洲問題であった。日露戦争の結果、わが国は旅順《りょじゅん》・大連《だいれん》を租借《そしゃく》（一定の期間、日本の領土となること）し、南満洲鉄道を所有《しょゆう》することを始めとして満洲に多くの権利・権益《けんえき》を保有《ほゆう》していた。それはみな条約・協定《きょうてい》により認められた正当《せいとう》なものである。ところが当時の中華民国《ちゅうかみんこく》及び満洲の地方政府は条約・協定を真向《まっこう》から否定し踏《ふ》みにじり、旅順・大連と南満洲鉄道の即時返還《そくじへんかん》を叫《さけ》び、満洲における日本人の居住《きょじゅう》・営業《えいぎょう》等の権利を侵害《しんがい》し、在留《ざいりゅう》日本人に極度《きょくど》の圧迫《あっぱく》を加えたのである。これを排日《はいにち》運動という。日露戦争以後、日本とシナとの間に結ばれた条約・協定・約束を守らずこれを蹂躙《じゅうりん》（踏みにじること）することは、全《まった》く無《む》法不当《ほうふとう》なシナの日本に対する挑戦行為《ちょうせんこうい》そのものであったのである。こうしたシナ側の両国間の条約・協定を否定する不法極《きわ》まる挑戦《ちょうせん》に対してわが国は、国家の名誉と正当な権利・国益《こくえき》を守る為に、堂々と立上りこれを打払《うちはら》う行為に出てよい正当性・大義名分《たいぎめいぶん》（正しい道義・道理）があったのである。

ところが時の日本政府（若槻礼次郎《わかつきれいじろう》首相、幣原喜重郎《しではらきじゅうろう》外相）は「協調《きょうちょう》外交」を方《ほう》針《しん》としてシナの条約違反《いはん》に対して少しも毅然《きぜん》（強いさま）とした外交を行わなかった。「協調外交」とは結局《けっきょく》「事《こと》なかれ外交」「迎合《げいごう》外交（外国の言うがままになる外交）」「屈従《くつじゅう》外交」であり、ことに幣原外相はシナのみならずアメリカ・イギリスに対してもこの「協調外交」を推《お》し進めた。それゆえアメリカやイギリスの虎《とら》の威《い》を借《か》りるシナは日本をあなどり馬鹿にしてやりたい放題の条約・協定破りを公然《こうぜん》と行ったのである。この排日運動が頂点《ちょうてん》に達《たっ》したのが昭和六年である。

満洲には南満洲鉄道を守護《しゅご》する関東軍《かんとうぐん》が駐屯《ちゅうとん》していた（日露講和条約において認められたもの。兵力《へいりょく》約一万名）。日本の条約上の権利と在留《ざいりゅう》日本人の生命・諸権利を守ることを責務《せきむ》とする関東軍は、日本政府の事なかれ屈従外交によりもうどうにもならない最悪の事態《じたい》に至《いた》ってついに軍事行動に立上り、満洲の独裁的支配者・張学良《ちょうがくりょう》とその軍隊（約二十万）に鉄槌《てっつい》を下《くだ》し張学良政権をたたき潰《つぶ》しその軍隊を撃滅《げきめつ》、満洲から追い払《はら》ったのである。それは条約・協定により認められた日本の権利・国益を守る為の正当防衛、自衛《じえい》の戦いであった。

大東亜戦争《だいとうあせんそう》に敗れてアメリカの占領統治《せんりょうとうち》を受けた結果、アメリカは日本の満洲事変・支那《シナ》事変・大東亜《だいとうあ》戦争に対して「侵略《しんりゃく》戦争」の烙印《らくいん》を押したが、それは全《まった》く大間違いである。日本の将来を担《にな》う中高生諸君、日本の誇りを奪う「精神的武装解除《ぶそうかいじょ》」という日本人に対する思想洗脳工作《せんのうこうさく》にゆめゆめ引っかかってはならない。自国を「侵略国」と侮辱《ぶじょく》・罵倒《ばとう》する過《あやま》ちを断《だん》じて犯《おか》してはならない。今村は作戦課長として満洲事変をいかに見たか。

「けれども現地《げんち》満洲に駐屯《ちゅうとん》していた将校《しょうこう》の身《み》になってみれば、毎日毎日幾千居留民《いくせんきょりゅうみん》が『また満洲人にぶたれた』『つばきをはきかけられた』『うちの子供が学校へ行く途中、石をぶっつけられた』『家の硝子《ガラス》はめちゃめちゃにこわされてしまった』『排日排貨《はいにちはいか》運動で店の品物は一つも売れない』『満鉄《まんてつ》（南満洲鉄道）は満洲側の妨害《ぼうがい》、彼の作った並行線《へいこうせん》（協定に違反して作った鉄道）のため、もう毎年毎年赤字続きで持ちきれなくなっている』と連続泣きつかれ、それらの事実を前にしていては血のつながっている同胞《どうほう》の苦境《くきょう》に、ことごとく同情し憤慨《ふんがい》に血をわきたたせるようになったのは自然である。我が外交機関《きかん》の行う幾十の抗議《こうぎ》なり交渉《こうしょう》なりは一つとして彼に顧《かえり》みられず、軍の幕僚《ばくりょう》（幹部《かんぶ》）以下、鉄道沿線《えんせん》に駐屯《ちゅうとん》している部隊将兵《しょうへい》の興奮《こうふん》がもう押《おさ》えきれないようになってしまったのはやむを得なかった。だから私は満洲事変は国家的宿命《しゅくめい》であったと見ている」

昭和陸軍において最も高潔《こうけつ》な人格をそなえ誰よりもすぐれた知性を持つ昭和陸

軍の良心《りょうしん》ともいうべき今村は、「満洲事変は国家的宿命」と断《だん》じたのである。日露戦争の結果、日本が満洲に正当な権益を得《う》るに至《いた》った歴史的背景《はいけい》（第三巻の小村《こむら》壽太郎《じゅたろう》のところでのべた）、シナのわが国の条約上の権利を否定蹂躙《じゅうりん》する長年の排日運動、シナの背後《はいご》からこれを後押《あとお》しして日本を満洲から排除《はいじょ》せんとするアメリカ（それにイギリスとロシア・ソ連）の悪辣《あくらつ》極《きわま》りなき策動《さくどう》を考察《こうさつ》するならば、満洲事変が到底避《とうていさ》けることのできなかった日本の正当防衛の戦いである「国家的宿命」であったことが理解されよう。

蘭印方面派遣軍司令官——大東亜戦争は日本民族の宿命

今村は参謀本部作戦課長のあと歩兵《ほへい》第五十七連隊長となり、陸軍少将《しょうしょう》、陸軍中将《ちゅうじょう》へと進み、第五師団長《しだんちょう》、第二十三軍司令官《しれいかん》として支那事変《シナじへん》において蔣介《しょうかい》石《せき》のシナ軍と戦った。

そうして昭和十六年十二月、いよいよアメリカ・イギリスを相手とする大東亜《だいとうあ》戦争が始まる。陸軍将官《しょうかん》中屈指《くっし》の指揮《しき》・統率《とうそつ》能力をもつ一人と評価《ひょうか》されていた今村は、オランダ領インドネシアを攻撃する最高指揮官である第十六軍司令官に任命《にんめい》された。出征《しゅっせい》に先立《さきだ》ち伊勢神宮に参拝《さんぱい》、ご加護《かご》と必勝を祈った。今村は大東亜戦争をいかに見たか。

「私は宣戦《せんせん》の詔書《しょうしょ》（天皇の詔《みことのり》）を拝《はい》したとき、この戦争は我が国家民族にとっては宿命《しゅくめい》的なもの。この戦争は日本国家の生きる自衛《じえい》のため、そして白人の植民《しょくみん》政策から東亜《とうあ》民族を解放《かいほう》するため、遂《つい》に死中《しちゅう》に活《かつ》を求めたものと確信《かくしん》し、私は責任の重大におののきながらも、ひざまづいて皇大神宮《こうだいじんぐう》（天照大御神《あまてらすおおみかみ》）を拝《はい》し奮然《ふんぜん》（奮い立つさま）征途《せいと》（出征の道）にのぼったものである」

　またこうのべている。

「蘭印《らんいん》（オランダ領インドネシア）方面派遣《はけん》軍司令官を拝命《はいめい》したときは、武者《むしゃ》ぶるいというのか身体《しんたい》の全筋肉《ぜんきんにく》が細《こま》かくふるえるように覚《おぼ》えた。民族の興廃《こうはい》を決する、また東亜《とうあ》（東アジア）十億の民族を解放するこのような聖戦《せいせん》に、最重要な一方面の最高指揮官に当てられることはなんとした光栄《こうえい》のことであろう。またなんという大きな責任を負《お》わされたものであろうとの感激で緊張《きんちょう》したためである。

私は第一次世界大戦当時欧州《おうしゅう》にいて、つぶさにベルサイユ平和会議の経緯《いきさつ》を知り、その時以来わが民族がこうむってきた米英からの迫害《はくがい》（圧迫《あっぱく》し苦しめること）というものを心にし、とうとう大東亜戦争にまで追いこまれてしまったという民族的宿命の観念《かんねん》をもっていたので、なんとしても戦いを勝ちぬかなければならないとの決意のもとにひざまづいて天《てん》の加護《かご》を祈った。

わが国が全有色民族衆望《しゅうぼう》（多くの人々の望み）の上《うえ》に、平和会議で提案《ていあん》したたった一つの条件、〝有色人種差別待遇《たいぐう》の撤廃《てっぱい》（とりはらうこと）〟は無残《むざん》にもウィルソン、ロイド・ジョージ、クレマンソーの米、英、仏《ふつ》（フランス）三巨頭《きょとう》により踏《ふ》みつぶされ、次いで太平洋をめぐるアメリカ、カナダ、オーストラリアにより次々に日本人は入国を拒否《きょひ》されてしまった。……蔣介石《しょうかいせき》政権は支那《シナ》統一《とういつ》の政策として巧《たく》みに列国《れっこく》（米英ソ連のこと）の対日圧迫《たいにちあっぱく》の傾向《けいこう》に即応《そくおう》、排日排貨《はいにちはいか》の一点張《いってんば》りに推進《すいしん》してきたのである。

私は満洲事変以来の戦争でわが国は取るべき、なすべき準備手段をやらなかったことは反省するが、〝こうまでなったのは民族の宿命《しゅくめい》であった〟という考え方がどうしてもとりのけられんでいる」

大東亜戦争はアメリカ・イギリスら欧米《おうべい》の日本への圧迫《あっぱく》に対する国家生存《せいぞん》のための自衛《じえい》の戦いであり、欧米の人種差別にもとづく有色人種への植民地支配を打《だ》破《は》し非西洋民族を解放する「聖戦《せいせん》」であり、満洲事変、支那《シナ》事変、大東亜戦争に至《いた》る戦いは米英より追《お》い詰《つ》められた末の「民族的宿命《しゅくめい》」と今村は見るのである。祖国の防衛のために命を捧《ささ》げてアメリカ、イギリス、オランダ、シナらと最もよく戦った軍将《ぐんしょう》である今村の大東亜戦争観こそ正しい。戦後の日本の多くの学者・知識人は大東亜戦争を侵略戦争として断罪《だんざい》した「東京裁判史観《しかん》」に呪縛《じゅばく》(しばられること)、洗脳《せんのう》されてきて久《ひさ》しい。しかし日本人としての健全《けんぜん》な愛国心と深い自覚《じかく》と誇りを持つ者であるならば、今村の見方《みかた》、考えに同意《どうい》し共感共鳴《きょうかんきょうめい》できるであろう。

オランダ軍降伏——三百年の植民地支配の終り

今村を司令官《しれいかん》とする第十六軍は三個師団《しだん》を基幹《きかん》とする約五万の兵力で十万以上のオランダ軍と戦った。今村軍は昭和十六年十二月下旬《げじゅん》より行動を開始、いくつかの部隊《ぶたい》に分《わか》れてボルネオ（北部はイギリス領、南部がオランダ領、十二月から翌年二月にかけて占領《せんりょう》）、セレベス（一月から二月にかけて占領《せんりょう》）、チモール（二月占領）、スマトラ（二月から三月にかけて占領）の敵軍をことごとく撃破《げきは》した。

今村は軍主力《ぐんしゅりょく》の第二師団《しだん》（仙台に司令部をおく東北兵団《へいだん》）を率《ひき》いて二月十八日、インドシナ半島のカムラン湾を出航《しゅっこう》、三月一日、ジャワ本島に上陸した。一方、ジャワ本島東部にも第四十八師団と一支隊《いちしたい》が三月一日・五日に上陸した。東西のジャワ上陸部隊は各地のオランダ軍を打破《うちやぶ》り破竹《はちく》の進撃《しんげき》を続けた。第二師団は三月五日、バタビア（ジャカルタ）を占領した。先頭に進む一支隊は三月六日、ジャカルタ東南方のオランダ軍主力《しゅりょく》五万もの兵力を擁《よう》するバンドン要塞《ようさい》に突入《とつにゅう》する陣《じん》を布《し》いた。

今村は三月九日を期《き》し全軍《ぜんぐん》をもって一気《いっき》に要塞を攻め落とそうとしたところ、三月七日オランダ軍は突如降伏《とつじょこうふく》を申し入れてきたのである。オランダ軍はジャワ本島だけで十万もの兵力を有《ゆう》していた。ジャワ本島に上陸した日本軍は四万ほどである。半分以下の兵力しかない今村軍は一週間足らずの戦闘でオランダ軍を屈《くっ》服《ぷく》させたのである。オランダ軍が早々《はやばや》と戦意《せんい》を喪失《そうしつ》したのは、日本軍のすさまじい戦いぶりを見てその兵力を二十万もあると見誤り、とても勝目《かちめ》なしとあきらめたためである。

作戦《さくせん》開始から二ヵ月余り、今村がカムラン湾を出て以来一ヵ月足らず、ジャワ本島は一週間の戦闘であり、実《じつ》に電光石火《でんこうせっか》の猛烈《もうれつ》な戦いぶりであった。日本陸軍の勇猛《ゆうもう》さ、強さは世界に比類《ひるい》がなかった。第十六軍の各部隊がかくも勇戦《ゆうせん》し、しかも短期間でオランダ軍を降伏させることができたのは、何より軍司令官としての今村の指揮統率《しきとうそつりょく》力が卓越《たくえつ》していたからである。

こうして十七世紀初頭《しょとう》より三百年以上インドネシアに対して圧制《あっせい》(無理に押《おさ》えつけること)と搾取《さくしゅ》(しぼりとること)をほしいままにしてきたオランダの植民地支配は、今村の指揮する精強無比《せいきょうむひ》(この上なく強いこと)の日本軍により一撃《いちげき》の下《もと》に崩《ほう》壊《かい》したのである。

三百年間も続いたオランダの植民地支配がわずか二、三ヵ月の間に一挙《いっきょ》にこの世から姿を消すと一体誰《いったい》が想像できよう。オランダ人にとってもインドネシア人にとってもそれはまさに驚天動地《きょうてんどうち》（世の中を根本から変えること）の出来事であり、オランダ人にとりそれは悪夢《あくむ》としかいいようのない現実であった。オランダ人はそのあと日本を怨《うら》みに怨み日本人を憎悪《ぞうお》し抜いた。日本さえなければインドネシアを半永久的に支配し栄華《えいが》（大いに栄えてはでに暮らすこと）を貪《むさぼ》ることができたからである。

逆にいうとこの戦いこそインドネシア人にかつてない幸福をもたらすものにほかならなかった。インドネシア人は実《じつ》に日本軍を深い厚意《こうい》をもって歓迎《かんげい》したのである。

日本軍がジャワに上陸した時、退却《たいきゃく》するオランダ軍は道路に巨木《きょぼく》を倒して爆薬まで仕掛《しか》けて、日本軍の人馬《じんば》・車《くるま》の通行《つうこう》を妨害《ぼうがい》した。その時の出来事である。沿道《えんどう》の原住民《げんじゅうみん》幾百人が出てきて大木《たいぼく》の枝《えだ》を切り払《はら》って日本軍が通りやすくしてくれた。やがて休憩《きゅうけい》に入ったところ、多くのインドネシア人が椰子《やし》の実《み》、バナナ、パパイヤなどを持ってきて日本軍の将兵《しょうへい》にふるまった。兵士たちはお礼のつもりで、紙巻《かみまき》タバコ、乾《かん》パン、チョコレートなどを渡した。全く和気藹々《わきあいあい》(心がやわらいだなごやかなありさま)の雰囲気《ふんいき》である。人々は笑顔で「トアン・テレマカシー」を連呼《れんこ》している。今村が通訳官《つうやくかん》に聞くと、「旦那《だんな》さま、ありがとう」との意味である。今村は「ああ、これが戦場《せんじょう》なのだろうか」と思い、第十六軍参謀長岡崎清三郎《おかざきせいざぶろう》少 将《しょうしょう》にこう語った。

「参謀長、いくさは勝ちです。天《てん》の時《とき》、地《ち》の利《り》にまさる人《ひと》の和《わ》を敵地《てきち》の民衆まで寄《よ》せていますから」

そこに村の長老と思われる老人が親指を立てて今村に語ったことがこれだ。親指を立てるのはこの地では〝良いこと〟という意味である。

「インドネシアでは、幾百年もの昔からの伝統《でんとう》で〝いつか北方から同じ人種がやって来てインドネシアの自由を取り戻《もど》してくれる〟と語り伝えられていますが、トアン(旦那さま)たちと同じ人種なのでしょうか。言葉は違っていますが、様子《ようす》が同じように見られます」

そこで今村はこう応《こた》えた。

「我々日本民族の祖先《そせん》の中にはこっちの島から船で日本にやって来たものもいるのです。君たちと日本人は兄弟なのだ。我々は君たちに自由が戻るようにするためオランダ人と戦うのだ」

老人は時々親指を上げ、「トアン、ブッサール、テレマカシー（大旦那さま、ありがとうございます）」を口にした。今日、インドネシアは世界有数《ゆうすう》の親日国《しんにちこく》だが、その理由は日本軍によるオランダ軍打倒《だとう》によって三百年間にわたる植民地支配に止《とど》めを刺《さ》して（息の根をとめること）インドネシア独立の基礎《きそ》を築いたからである。インドネシア独立の最大の恩人こそ今村均であった。

軍政――インドネシア独立の礎

オランダ軍降伏後、今村は直《ただ》ちに軍政《ぐんせい》（戦時《せんじ》における軍隊による統治《とうち》）を開始した。今村の基本方針《きほんほうしん》は、近い将来のインドネシアの独立という前提《ぜんてい》のもとに公正《こうせい》な軍政を行い、インドネシア民衆を悦服《えっぷく》（悦んで従うこと）させることであり、出来る限り緩和《かんわ》（ゆるやかで寛大なこと）政策《せいさく》をとった。今村は上陸以来、インドネシア民族が日本人に対して同種族の同胞《どうほう》（はらから・兄弟）と信ずる親愛《しんあい》の感情を示したことに深い感銘《かんめい》を受けていた。彼らは日本人を同胞と思ったからこそ頼みもしないのに進んで日本軍に協力してくれたのであった。今村は彼らの厚意《こうい》を無にしてはならないと思った。今村軍政の緩和政策がどれだけインドネシア人の心をつかみ、彼らから歓迎《かんげい》されたかはかり知れない。大東亜戦争を「東亜十億の民族を解放《かいほう》する聖戦《せいせん》」と確信《かくしん》する今村にとり、三百年以上のオランダの植民地支配を終らせた現在、やがて訪《おとず》れるであろうインドネシアの独立のため、あたう限りインドネシア人のためなる立派な軍政を行うということがその基本姿勢であり、それは大東亜戦争の目的に合致《がっち》（ぴったりと一致すること）すると今村は信じたのである。

やがて第十六軍のジャワ統治顧問《とうちこもん》として元内務大臣の児玉秀雄ら三人の文官《ぶんかん》が着任《ちゃくにん》した。インドネシア総督《そうとく》を兼務《けんむ》する今村の補佐役《ほさやく》である。彼らは今村に、東京ではインドネシアの軍政方針に対して手ぬるい、甘い、もっと厳《きび》しくやるべきだとの非難《ひなん》が一部にあると伝えた。そこで今村は三人に二、三週間ほど各地の巡視《じゅんし》をすすめ、もし自分の軍政に誤りがあり、インドネシア人、オランダ人、華僑《かきょう》（シナ人の海外居留民《きょりゅうみん》）らが日本軍を軽《かろ》んじ軍政はうまくいっていないと認めたならば忌憚《きたん》（忌《い》み憚《はばか》ること）なく報告してほしいとのべた。三人は手分《てわ》けして各地を視察《しさつ》して三週間後戻《もど》って来てほとんど同じことを今村に語った。

「どこを廻《まわ》ってみてもまるで日本内地を巡《めぐ》っているような気安《きやす》さでなんの危険も感じませんでした。原住民《げんじゅうみん》は全《まった》く日本人に親しみを寄せており、オランダ人は敵対《てきたい》を断念《だんねん》しているようにみられます。華僑に至《いた》ってはどうして日本人の気に入ろうかと迎合《げいごう》これつとめており、産業の回復《かいふく》はこれなら思ったより早くなりましょう。ジャワではたしかに強圧《きょうあつ》政策の必要はありません。ジャワ軍政を非難する者は現地の実情《じつじょう》を知らない観念論《かんねんろん》に過《す》ぎないことがはっきり認識《にんしき》されました」

日本の軍政《ぐんせい》に対してインドネシア人、オランダ人、華僑が妨害《ぼうがい》したり反抗《はんこう》したり面従腹背《めんじゅうふくはい》（表《おもて》で従うふりをして裏では背《そむ》くこと）の態度をとり、日本軍将兵をあなどるような行為に出るならば厳《きび》しい軍政を布《し》かなければならないがその必要は全《まった》くなかったのである。

日本の軍政に対してインドネシア側はいかなる態度をとったか。オランダに抵《てい》抗《こう》してインドネシア独立運動をしていた中心者であり、後《のち》に初《しょ》代《だい》大統領になるスカルノが今村に会見《かいけん》を申し入れてきた。今村はこうのべた。

「私がいまインドネシア六千万民衆に公然《こうぜん》お約束できるたった一つのことがらは、私の行う軍政により蘭印政権《らんいんせいけん》時代の政治よりも、よりよい政治介入《かいにゅう》（参加すること）と福祉《ふくし》の招来《しょうらい》（招きよせること）だけです。ですからあなたが私の軍に協力するか、中立的立場をとり何もしないで形勢《けいせい》を観望《かんぼう》（様子をうかがうこと）しているか、どちらでもご随意《ずいい》（自分の思うまま）です。後者《こうしゃ》の場合でも軍はあなたの生命財産と名誉《めいよ》とを完全に保護《ほご》します。ただもしあなたが日本軍の作戦行動なり、軍政なりを妨害《ぼうがい》されるなら、戦争の終結《しゅうけつ》まで自由行動を許しません。この場合でもオランダ官憲《かんけん》（政府）のやったような牢獄収容《ろうごくしゅうよう》などいたさないつもりです。よく同志《どうし》の人々とご相談の上、はっきりした態度をご決定になり私に知らせて下さい」

今村の実《じつ》に公正《こうせい》な姿勢《しせい》と言葉に対して後日《ごじつ》、スカルノはこう返事してきた。

「日本軍政がオランダ政権時代よりもインドネシア人の福祉《ふくし》増進《ぞうしん》を約束されたのでこれを信用し、私と同志とは日本軍政に協力します」

スカルノは今村の人格に打たれ深い敬意を抱《いだ》き、軍政への協力が必ずインドネシアの独立をもたらすと信じたのである。その後、今村は従来《じゅうらい》オランダ人が占《し》めていた公務員の地位を大部分インドネシアの有能者《ゆうのうしゃ》におきかえた。さらに行政諮詢院《ぎょうせいしじゅんいん》を設置《せっち》し、民衆の声を聞くことにした。日本とインドネシア双方《そうほう》か

インドネシアの子供らに囲まれた今村
（『続・一軍人六十年の哀歓』芙蓉書房刊より）

ら議員《ぎいん》を出したが、インドネシア側の代表の人選《じんせん》はスカルノにまかせた。スカルノ以下選ばれた人々の大半《たいはん》は後《のち》のインドネシア政府の大統領・副大統領・閣僚《かくりょう》になった人々である。独立を前にしたインドネシア人の政治参加の出発であった。

スカルノらはその後今村に益々《ますます》尊敬の念を深める。終戦後、今村はオランダによる戦争裁判で死刑を求刑《きゅうけい》された。そのときスカルノはジャワの刑務所にいた今村を救出《きゅうしゅつ》する計画を密《ひそ》かに伝えて、なんとしても今村を救い出そうとした。今村の恩義《おんぎ》に報《むく》いる為である。今村はその厚意《こうい》に深謝《しんしゃ》したが鄭重《ていちょう》に断《ことわ》った。昭和二十四年今村が無罪になった時、スカルノは心から喜び「八年前与えられた厚意は忘れていません」と人を介《かい》して伝えてきた。今村がオランダ軍を打破りオランダの植民地支配を終らせ、インドネシア人に対する仁慈《じんじ》(仁愛《じんあい》・慈愛《じあい》)にあふれる軍政を行ったことが、インドネシアの独立をもたらす礎《いしずえ》となったのである。藤原岩市《ふじわらいわいち》の藤原機関が「インド独立の母」であったと同様、今村と彼の率《ひき》いた日本軍の働きは、インドネシアの独立を生み出す父であり母であったのである。

3、不敗の名将

祖国防衛義勇軍とインドネシア独立戦争

インドネシアの軍政《ぐんせい》の基礎《きそ》を固めた今村は昭和十七年十一月、第八方面軍司令《しれい》官《かん》に転《てん》じジャワを去った。その後、インドネシアはどうなったか。

昭和十八年、後任《こうにん》の第十六軍司令官原田熊吉《はらだくまきち》中将《ちゅうじょう》は「祖国防衛義勇軍《そこくぼうえいぎゆうぐん》」の編《へん》成《せい》に着手《ちゃくしゅ》した。昭和十八年に入《はい》ってアメリカ軍の反抗《はんこう》が盛んになり、インドネシアの防衛力を強化するためにインドネシア人による祖国防衛義勇軍が必要となったのである。軍隊《ぐんたい》というのは一朝一夕《いっちょういっせき》に出来上《できあ》がるものではない。準備と訓練に少なくない期間と努力を要《よう》する。それを第十六軍はわずか二年足らずでやり遂《と》げるのである。

昭和十八年一月、まず始めにインドネシア義勇兵《ぎゆうへい》の養成組織《ようせいそしき》が作られた。柳川《やながわ》宗成中尉《もとしげちゅうい》を隊長として五十名のインドネシアの青年(十六歳から二十二歳)が半年間、特別教育を受けた。柳川はこれらの青年に「今日からは私が諸君の父だ。各《かく》班長《はんちょう》は母と思え。その他の教官はすべて兄弟である。何事もよく相談せよ」と訓示《くんじ》し、直ちに猛訓練を開始した。教える者と教えられる者が一つの家族のようになって、教官も生徒も汗みどろの訓練が続けられた。柳川は訓練に相撲をとりいれて毎日ふんどし姿で自ら五十人の相手となった。

三百年もの間オランダ人から徹底的《てっていてき》に差別されてきた彼らに対して、いささかも人種偏見《じんしゅへんけん》を持たず人間として対等《たいとう》に接《せっ》し家族、兄弟扱《あつか》いをして、まさに裸のつき合いをしてくれる柳川ら日本軍人の誠意《せいい》に、これらの青年がいかに心を揺《ゆ》さぶられ大きな感激を覚《おぼ》えたことであろうか。わずか半年間に彼らは見違《みちが》えるような成長を遂《と》げ立派《りっぱ》な兵士《へいし》に生まれ変ってゆくのである。

昭和十八年六月三十日、第一期生五十名が卒業したが脱落者《だつらくしゃ》は一人もなかった。全員に数日の休暇《きゅうか》が与えられたが、そのあと親から柳川へ感謝の手紙が届《とど》いた。そのうちの一つ。

「人が変ったように大きく丈夫《じょうぶ》になりました。親孝行《おやこうこう》になりました。兄弟仲がよくなりました」

この五十名の青年がやがて祖国防衛義勇軍《そこくぼうえいぎゆうぐん》の中核《ちゅうかく》となる。そのあと祖国防衛義勇軍幹部《かんぶ》教育隊などが作られるが、この五十名が柳川らの手足となって働いた。こうして昭和十九年末、祖国防衛義勇軍は三万八千名の兵力を有する軍隊となった。わずか二年足らずで強力な軍隊が出来上るのは全く稀有《けう》（めったにないこと）のことであったが、日本軍はこれを立派にやり遂げたのである。この祖国防衛義勇軍こそやがてインドネシア独立戦争を戦い抜き、独立後インドネシア国軍となるのである。

日本政府は昭和十九年九月、インドネシアの独立を認める声明《せいめい》を出し、その日を二十年九月七日と内定《ないてい》していた。ところが八月十五日終戦《しゅうせん》となった。だが独立準備をしていたスカルノらは二日後の八月十七日、インドネシアの独立を宣言するのである。日本が敗北した以上、当然オランダは再び支配者として戻って来る。そこでスカルノらは間髪《かんぱつ》を入れず（すぐに、即座《そくざ》にの意）独立を断行《だんこう》したのである。

オランダとその庇護者《ひごしゃ》であるイギリスはインドネシアを武力によって制圧《せいあつ》しようとした。だがインドネシアは民族をあげて立上り以後四年にわたる独立戦争を敢行《かんこう》するのである。独立宣言を行ったインドネシアがオランダ軍と戦うことが出来たのは、日本軍が作り上げた三万八千名の祖国防衛義勇軍《そこくぼうえいぎゆうぐん》があったからである。しかし武器《ぶき》・弾薬《だんやく》はどうするか。日本軍は降伏《こうふく》の際《さい》、本来連合軍《ほんらいれんごうぐん》にそれを全部引渡《ひきわた》さねばならないが、その大半《たいはん》をひそかに義勇軍に渡した。それは義勇軍が四年間戦うことが出来るだけの量であったのである。またこの戦いには約二千名の日本軍人がこの地に踏みとどまって参加した。世界に比類《ひるい》なき勇猛《ゆうもう》な日本軍人の協力は、義勇軍にとり何ものにも優《まさ》る強力《きょうりょく》な支援《しえん》であった。日本軍人は半数の約千名が戦死している。インドネシアは日本軍の作った祖国防衛義勇軍と日本が提供《ていきょう》した武器《ぶき》・弾薬《だんやく》と二千名の日本軍人の命がけの協力により遂《つい》に独立戦争に勝利、一九四九年(昭和二十四年)、民族悲願の独立を成就《じょうじゅ》したのである。今村均大将をはじめ日本軍の戦いとその絶大《ぜつだい》なる貢献《こうけん》なくして、インドネシアの独立は到底《とうてい》ありえなかったのである。

インドネシア人の感謝――インドネシア人の魂を覚醒させた日本

それゆえインドネシア人は自国の独立をもたらした日本に対して、この上ない感謝の念を抱《いだ》いている。いくつか紹介《しょうかい》しよう。

「独立できた要素《ようそ》の第一は、日本軍が植民地体制を粉砕《ふんさい》(うちくだくこと)したことです。植民地体制の粉砕なくして独立はありえません。第二は日本軍の猛烈《もうれつ》な軍事訓練です。オランダ軍はやってくれませんでしたし、我々自身がやろうと思ってもできるものではありません。日本軍時代の三年半でインドネシア人はすっかり変ったが、こんなに変ったことをイギリス軍やオランダ軍はわかっていませんでした」（アブドル・ハリス・ナスチオン国防相《こくぼうしょう》・参謀総長《さんぼうそうちょう》・陸軍大将）

「大東亜《だいとうあ》戦争が起きるまでアジアは長い植民地体制下に苦悶《くもん》（苦しみ悶《もだ》えること）していました。そのためアジアは衰《おとろ》えるばかりでした。アジアは愚《おろ》かになるばかりでした。だからアジアの希望は植民地体制の粉砕《ふんさい》でした。大東亜戦争は私たちアジア人の戦争を日本が代表して敢行《かんこう》したものです。

日本軍は有言実行《ゆうげんじっこう》でした。その第一は植民地政治の粉砕です。第二は祖国防衛《そこくぼうえい》義勇軍《ぎゆうぐん》を組織《そしき》したこと。すなわち軍事訓練です。第三はインドネシア語の普及《ふきゅう》です。第四はイスラムの団結《だんけつ》をはかったことです（インドネシア人はほとんどイスラム教徒）。第五はスカルノやハッタをはじめとした行政官《ぎょうせいかん》の猛訓練《もうくんれん》です。第六は稲作《いなさく》および工業技術の向上《こうじょう》です」（モハメッド・ナチール首相）

「日本軍がやった基本的なことはすなわち最も大きな貢献《こうけん》は、我々に独立心をかきたててくれたことだ。そして厳《きび》しい訓練を我々に課《か》してくれたことだ。これはオランダの思いもよらないことだ。日本人はインドネシア人と同じように苦労し、同じように汗を流し、同じように笑いながら、我々に対して〝独立とは何か〟〝どういう苦労をして勝ちとるものか〟を教えてくれた。これはいかに感謝しても感謝しすぎることはない。これは祖国防衛義勇軍の訓練を受けた人が残らず感じていることだ」（サンバス陸軍少将《しょうしょう》）

「大東亜戦争が契機《けいき》（きっかけ）となって、アジアからアフリカまで独立しました。日本にだけ犠牲《ぎせい》を払《はら》わせてはすまないと思います。大東亜戦争中の日本軍政《ぐんせい》の特徴《ちょう》《とく》は、魂《たましい》を持ってきてくれたことです。我々と苦楽《くらく》を共にし農作業や各種技術の初歩《しょほ》を教えてくれ、軍事訓練まで施《ほどこ》してくれました。当時の日本人を全体的に見れば、軍人が最も真面目《まじめ》、熱心でインドネシア人の心を捉《とら》えました」（ブルキフリ・ルビス陸軍大佐《たいさ》、最初に訓練を受けた五十名の一人、当時十六歳）

いずれの話も日本人の心に沁《し》みいる。「大東亜戦争は私たちアジア人の戦争を日本人が代表して敢行したもの」というナチール首相の言葉は、大東亜戦争の本質を衝《つ》いている。欧米による植民地支配を受けてきた非西洋民族を解放《かいほう》する戦いこそ大東亜戦争であったと言っているのである。日本は非西洋諸国民族を代表してただ一国《いっこく》、欧米と戦い抜いたのである。この戦いなしに非西洋諸国の解放・独立は決してありえなかった。だからこそ今村は「大東亜戦争は日本民族の宿命《しゅくめい》」と観《かん》じ、「東亜十億の民族を解放する聖戦《せいせん》」と堅《かた》く信じて戦ったのである。

またサンバス少将とルビス大佐の言葉も重要である。オランダに三百年以上も支配され劣等人種《れっとうじんしゅ》として差別を受けると、ほとんどの人々は奴隷的根性《どれいてきこんじょう》が身《み》にしみつきこれが自分たちの逃《のが》れることのできない運命・宿命《しゅくめい》とあきらめてしまい、自立心・独立心は消滅《しょうめつ》してしまう。三百年間も支配されると半永久的にそれは続くと思ってしまう。そうしたインドネシア人の心にとうの昔に失なっていたと思われた独立心をよび戻《もど》したのが、今村の率《ひき》いる日本軍であったのである。日本軍は心の奥底《おくそこ》に眠っていたインドネシア人の魂を覚醒《かくせい》させ、彼らの愛国心に火をともし、独立心をかきたてたのである。それはインドネシア人にとって「いかに感謝しても感謝しすぎることはない」ことであったのだ。大東亜戦争がいかに欧米《おうべい》支配の世界史を根本から変えたかは、この戦いにより解放・独立を獲得した非西洋諸国民族の立場から見るときそれは一層明白《いっそうめいはく》となる。戦争の歴史は一面から見るだけではわからない。日本、そして敵である米・英・オランダ・ソ連・シナ、そしてこの戦いにより解放され独立しえた非西洋諸国の三方面から見なければ正しく理解できない。

不敗の名将――ラバウルの戦い

大東亜戦争は初期《しょき》、日本陸海軍は連勝《れんしょう》し続け優勢《ゆうせい》であったが、やがてアメリカ軍は反攻《はんこう》に転《てん》じて、オーストラリア方面から北上《ほくじょう》してきた。ラバウルはジャワ島の東方、ニューギニア島の東海上にあるわが九州ほどの大きさのニューブリテン島北部の地域である。今村の任務《にんむ》は北上する米軍をここで阻止《そし》することであった。

今村の作戦方針《さくせんほうしん》はラバウルを難攻不落《なんこうふらく》の要塞《ようさい》と化《か》し、食料の現地調達《げんちちょうたつ》をはかることであった。この時期、日本軍が最も苦しんだのは食料などを運ぶ輸送船《ゆそうせん》がアメリカ軍に撃沈《げきちん》され、島々の部隊に届《とど》かず多くの将兵が餓死《がし》に見舞《みま》われたことである。そこで今村は熱帯地ラバウルの密林《みつりん》を伐《ばっ》採《さい》し開墾《かいこん》して畑をつくることにした。今村は約七万名の将兵全《しょうへいすべ》てに農作業を命じた。一週間のうち二日ずつ訓練、要塞《ようさい》作り、開墾《かいこん》・農作業とし、事情が許せば一日を休みとした。要塞づくりと並んで行う開墾は大変な重労働であったが、今村の陣頭指揮《じんとうしき》により進捗《しんちょく》（進みはかどること）し、七千町歩《ぶ》もの畑作《はたけづく》りに成功するのである。熱帯地だからたいていの作物《さくもつ》が三、四ヵ月で収穫《しゅうかく》でき、年に三毛作《さんもうさく》、四毛作が可能だった。腐植土《ふしょくど》（作物栽培《さくもつさいばい》に適《てき》する土壌《どじょう》）なので肥料《ひりょう》なしで立派に育った。甘藷《かんしょ》（さつまいも）始めなす、うり、もろこしなどの野菜の味も上々《じょうじょう》であった。主食《しゅしょく》は甘藷である。陸稲《りくとう》も出来た。「父老《ふろう》の愛児《あいじ》」である部下

ラバウル第八方面軍司令官時代
（『一軍人六十年の哀歓』芙蓉書房刊より）

将兵を絶対に飢《う》えさせないという今村の固い決意が、食料の自給に成功するのである。

一方、今村は要塞作りに全力を尽《つく》した。それは敵のいかなる爆撃《ばくげき》にも耐《た》えることのできる地下大要塞である。それは密林伐採《ばっさい》、開拓を上回る重労働であった。機械力がないから、十字鍬《じゅうじしゅう》(鶴嘴《つるはし》)、円匙《えんび》(シャベル)を手にする人力《じんりき》の作業である。温度、湿度の高い洞窟内《どうくつない》で褌《ふんどし》一つで汗みどろになって働いた。七万もの人々の作業ははかどり、洞窟の総延長は四百五十キロに達した。この地下大要塞に全将兵、兵器《へいき》、弾薬《だんやく》、車輌《しゃりょう》、食料、衣服などの一切《いっさい》が納《おさ》められた。

アメリカ軍は空から大量《たいりょう》の爆弾《ばくだん》を投下《とうか》したが、日本軍に被害《ひがい》はほとんどなかった。今村はこの地下大要塞を完成したころ、「ラバウル地下要塞は真《しん》に難攻《なんこう》不落《ふらく》と確信《かくしん》するようになった」とのべている。アメリカ軍はラバウルは到底陥落《とうていかんらく》不可能と判断、結局攻略《こうりゃく》を断念《だんねん》する。こうして今村は何年でも持ちこたえることのできる体制《たいせい》を作り上げ、終戦までの二年九ヵ月間、アメリカ軍及びオーストラリア軍の進攻《しんこう》を見事《みごと》に阻止《そし》し抜《ぬ》くのである。このような戦いができたところはラバウルだけであった。

ラバウルの不屈《ふくつ》の戦いをなさしめたものは今村が堅持《けんじ》した強靱《きょうじん》（強く折れ砕けないこと）な敢闘《かんとう》精神である。今村は昭和十九年十二月八日、部下の覚悟を新たにするために全将兵に「決戦訓《けっせんくん》」を配布《はいふ》した。そこにはその少し前ペリリュー島で玉砕《ぎょくさい》（全滅すること）した中川州男《なかがわくにお》大佐《たいさ》（死後中将《ちゅうじょう》）の部隊《ぶたい》の戦闘経過《せんとうけいか》を詳《くわ》しく記し、「我等《われら》の鑑《かがみ》とすべきものなり」とたたえ、「兵の信条《しんじょう》」においては、「兵は必《ひっ》死敢闘《しかんとう》一人あくまで十敵《じゅってき》を斃《たお》す（倒《たお》すこと）べし。戦傷《せんしょう》を負《お》うても断《だん》じて後退《こうたい》すべからず。かくの如《ごと》くんば何《なに》を以《もっ》てか靖國《やすくに》の森《もり》に眠るペリリューの戦友《せんゆう》に応《こた》えん」とのべられていた。今村以下の全将兵がこうした壮烈《そうれつ》（勇ましくはげしいこと）な闘志《とうし》を最後まで持ち続けた。

今村は中隊長《ちゅうたいちょう》時代から名だたる猛訓練の指揮官であった。ラバウルでは週二日が訓練に当てられたが、その中では特に対戦車肉迫攻撃訓練《せんしゃにくはくこうげきくんれん》が重視《じゅうし》された。それは対戦車爆雷《ばくらい》を敵戦車のキャタピラの下《した》に投げ入れて戦車を吹き飛ばす訓練である。二つの方法があったがその一つは、兵士が三メートルほどの竹竿《たけざお》の先に結びつけた爆雷を、一人で戦車のキャタピラの真下《ました》に入れて爆発させるというものである。まったく決死、必死の攻撃である。しかし米軍はラバウル付近についに上陸しなかったからこの戦法《せんぽう》は実施《じっし》されなかった。

高潔《こうけつ》な人格者であった今村は何より闘魂《とうこん》あふれる烈々（激《はげ》しいさま）たる武人《ぶじん》であり、軍将《ぐんしょう》としての指揮統率力《しきとうそつりょく》・才幹力量《さいかんりきりょう》にかけて陸軍一二《いちに》の将帥《しょうすい》であった。今村は支那《シナ》事変中の戦いを含めて大東亜戦争中ついに一度も敗れぬ国軍きっての不敗《ふはい》の名将《めいしょう》であったのである。

しかしわが国はついに敗れた。終戦《しゅうせん》の詔書《しょうしょ》を涙とともに拝《はい》した今村は翌日、幹部たちに最後の挨拶《あいさつ》をした。

「諸君、大東亜戦争は遂《つい》に成《な》らずして昨日を以《もっ》て終りました。ラバウル付近七万の将兵がこの二年有半《ゆうはん》の間、一心一体《いっしんいったい》となり人力《じんりょく》の限りを尽《つ》くして築城《ちくじょう》したこの難攻不落《なんこうふらく》の地下要塞《ちかようさい》、敵の絶対な空海封鎖《くうかいふうさ》にあっても飢《う》えない現地自活《げんちじかつ》。わけても敵戦車に対する肉攻爆砕《にくこうばくさい》の敢闘必勝《かんとうひっしょう》の戦意《せんい》におびえた敵は、ズンゲン（南岸）とトリウ（北岸）前面まではやってきたがそれからは進出《しんしゅつ》せず、遂《つい》に決戦に到《いた》らずして終戦になったことに対する将兵の悲憤《ひふん》（悲しみと憤激《ふんげき》）さは私にはよくわかる。

しかし、陛下《へいか》が終戦を御決意あらせられたのは、これ以上の犠牲《ぎせい》を重《かさ》ね根《ね》こそぎ日本民族を失わしめては、それこそ祖国《そこく》を恢興《かいこう》（復興《ふっこう》すること）することを不可能にするとの大御心《おおみごころ》によるものと拝察《はいさつ》する。

後世《こうせい》の歴史家は満洲事変以来のわが国の歩《あゆ》みを様々《さまざま》に批判するであろう。が私はこれを民族的宿命《しゅくめい》と信じている。死中《しちゅう》に活《かつ》を得《え》ようとして起《おこ》ったこの戦争も、事《こと》ならずして敗れた終戦もまた運命と考える。運命がいかんともなし難《がた》いものである以上、運命に執着《しゅうちゃく》したり運命を考えたりこれを悔《く》やんだりしても仕方《しかた》がない。ただ努力精励《せいれい》、再建復興《さいけんふっこう》につとむべきである。〝艱難汝《かんなんなんじ》を玉《たま》にす〟の句は、個人同様民族においてもそうである。

諸君よ。どうか部下の若人《わこうど》たちをして失望《しつぼう》させないように教えてくれ給《たま》え。七万の将兵はただ汗《あせ》と膏《あぶら》とでこんな地下要塞《ちかようさい》を建設し、万古斧鉞《ばんこふえつ》（斧《おの》と鉞《まさかり》）を入れたことのない原始密林《げんしみつりん》を開き、七千町歩《ぶ》からの自活農園《じかつのうえん》を開拓までしている。この経験、この自信を終始《しゅうし》忘れずに、君国《くんこく》（天皇をいただく日本国）の復興《ふっこう》、各自《かくじ》の発展《はってん》に活用《かつよう》するよう促《うなが》してもらいたい。我々は敵戦車爆砕《ばくさい》（爆撃《ばくげき》し砕《くだ》くこと）のための肉攻精神《にっこうせいしん》とその戦技《せんぎ》とを練《ね》りに練った。これを祖国復興《そこくふっこう》、日本の光栄《こうえい》のための産業と科学との振興《しんこう》に振《ふ》りかえ、あらゆる圧迫《あっぱく》と障碍《しょうがい》（障害）との爆砕《ばくさい》に応用《おうよう》するよう勧告《かんこく》してもらいたい。

ここに謹《つつし》んで殉国《じゅんこく》（国家のために忠誠をつくして亡くなること）の英霊《えいれい》に対し、遂《つい》に戦勝《せんしょう》が得られずして終ったことを心からお詫《わ》び申しその御冥福《ごめいふく》をお祈りし、またこの二年有半《ゆうはん》の間、敵前であったとはいえ、私のような不徳《ふとく》（徳の欠けること）の者を上《うえ》にいただきながら誠心誠意《せいしんせいい》、命令に服従《ふくじゅう》し闘い通された七万将兵に、私が心から感謝し私が最後の日まで決して忘れることがなく、これら戦友《せんゆう》の健康とその発展とを祈り続けることを諸君よりお伝え願います」

この時今村が詠《よ》んだ歌のいくつか。

終戦《しゅうせん》の　詔《せう(しょう)》　書《しょ》に　将《しゃう(しょう)》　士《し》　すすり泣く
　奉読《ほうどく》の声　のどにつまりつ

必勝を　期《き》せしつはもの　武器を棄《す》つ

涙ぐみつつ　そを見つめをり
国に負《お》ふ　罪になやめど　日《ひ》の本《もと》に
生まれし運命《さだめ》　弥《いよ》なつかしむ

戦争裁判――今村、自決をはかる

終戦後《しゅうせんご》、今村を待ち受けていたのは戦争裁判であった。ラバウルにやってきたのは戦勝国の一員であるオーストラリア軍である。彼らは復讐《ふくしゅう》の念《ねん》に燃え、今村を始めとする日本軍人を「戦争犯罪人（戦犯《せんぱん》）」として厳罰《げんばつ》を与えた。第七巻の藤原岩市《ふじわらいわいち》のところでのべたように、それはアメリカ、イギリス、ソ連、シナ、フランス、オランダ、フィリピンら戦勝国が競《きそ》い合《あ》って行った不当《ふとう》な無法《むほう》そのものの報復《ほうふく》（復讐すること）裁判《さいばん》であった。

ラバウルにおいて戦争犯罪にあてはまるものは何ひとつない。戦争犯罪で最も多いのは捕虜虐待《ほりょぎゃくたい》だが、ラバウルにはオーストラリア軍やアメリカ軍の捕虜は一人もいない。しかしオーストラリア軍は不当にも戦争犯罪を捏造《ねつぞう》（でっちあげること）したのである。日本軍は労務隊《ろうむたい》としてインド人、シナ人、インドネシア人を正当な賃金《ちんぎん》を払《はら》って使っていたが、オーストラリア軍はそこに目をつけて彼らにどんな些細《ささい》（小さなこまかなこと）な事柄《ことがら》でも告訴《こくそ》（訴えること）するよう仕向《しむ》けた。それをした者には報酬《ほうしゅう》を与えた。

インド人労務者に病気になる者が出た。そこで日本軍の軍医《ぐんい》が「足をきれいに洗っておかないと病気がひろがる」と注意しても、さっぱり言うことをきかず不潔《ふけつ》のままでいたり、また血の一滴《いってき》といわれるマラリアの予防薬《よぼうやく》キニーネやアテブリンを苦《にが》いとか胃に悪いとかいって捨《す》てる者がいた。そのような者にこらしめのため、頬《ほお》を平手《ひらて》で打った軍人は労務者を虐待《ぎゃくたい》したと訴えられて死刑にされた。また自分たちは無理にここに連れてこられたなどと嘘《うそ》をつく者もいた。

オーストラリア軍はこのようにして罪をでっち上げ、日本軍が労務隊として使っていたインド人、シナ人らを虐待したとして、「捕虜虐待」の罪名《ざいめい》をもって今村の部下を次々に逮捕《たいほ》してゆくのである。オーストラリアはことに人種差別の激しい国で、オーストラリアのイギリス人は先住民《せんじゅうみん》をほとんど皆殺しにしている。そのような国だから無法の極《きわ》みである文明とは正反対の野蛮《やばん》そのものの無茶苦《むちゃく》茶《ちゃ》な戦争裁判を行い、ラバウルにあった日本軍人三十二名が死刑、七十余名が有《ゆう》期刑《きけい》にされたのである。戦勝国が各地で行った戦争裁判は東京裁判を始めみな同《どう》様《よう》、インドのバール判事がその判決書《はんけつしょ》で断《だん》じたように「儀式化《ぎしきか》された復讐《ふくしゅう》」にほかならなかった。今村は「戦争犯罪裁判というものは、鉄火《てっか》を交《まじ》えた戦争の延《えん》長《ちょう》」とのべている。今村はオーストラリア軍に厳重《げんじゅう》に抗議《こうぎ》した。「無警告《むけいこく》に広島や長崎に原子爆弾《げんしばくだん》を投《とう》じて、無辜《むこ》(無実《むじつ》)の老若婦女《ろうにゃくふじょ》をも殺戮《さつりく》した命令者(トルーマン大統領)やそれを実行した者は英雄をもって遇《ぐう》(待遇)されている。連合軍の行った裁判は全《まった》く勝者の権威《けんい》を一方的に拡張《かくちょう》した残忍《ざんにん》な報復手段《ほうふくしゅだん》であったとしか認められない」

しかしこのような正論、道理《どうり》を認める彼らではない。欧米人の考えはこうだ。彼らの行うことは絶対の正義であり善である。欧米の白人は絶対的に優《すぐ》れ、非西洋人は比較《ひかく》にもならぬ劣等《れっとう》人種であり、ずばりと言えば「人間以下」である。その一員である日本人がこともあろうに白人に刃向《はむか》うとは、全《まった》く許すことのできない罪悪《ざいあく》である。それゆえ日本を犯罪国として断罪《だんざい》(犯罪に裁断《さいだん》を下すこと)したのである。彼らは日本に原爆を落とし数多くの日本人を虐殺《ぎゃくさつ》したことに全《まった》く良心の呵責《かしゃく》を覚《おぼ》えなかったのである。アメリカ、イギリス、ソ連、オランダ、オーストラリアら白人国家こそ天人《てんにん》ともに許さぬ犯罪国であり侵略国であったのである。

次から次へ処刑される部下の死に、今村は言いようのない憤怒《ふんぬ》と苦悶《くもん》に耐《た》え難《がた》かった。裁判の大半《たいはん》が終了《しゅうりょう》した昭和二十一年夏、同じ戦犯収容所にいたラバウル方面海軍総指揮官草鹿任一中将《そうしきかんくさかじんいちちゅうじょう》がオーストラリア軍により突然《とつぜん》どこかに連《つ》れ去られた。自分もそうなる可能性があるとみた今村は刑死《けいし》した部下の遺骨《いこつ》が眠るこの地を去るに忍《しの》びず、七月二十六日ついに自決《じけつ》を決行《けっこう》した。致死量《ちしりょう》の二倍の毒《どく》薬《やく》を飲《の》み、小さな帯鋸《おびのこ》を小刀《こがたな》にしたものでのどをかき切ったのである。もとより今村は生きて祖国に帰る気持はなかった。最高指揮官として刑死した部下とともに逝《ゆ》くことこそ本望《ほんもう》、本懐《ほんかい》であったのである。

しかし今村は死にそこなう。血まみれになって倒れている今村にすぐ手当《てあて》がほどこされ、今村は不本意《ふほんい》にも一命《いちめい》をとりとめるのである。戦犯として収容所にいる約五百人の部下は、今村を唯一《ゆいいつ》の頼りとしていた。軍人として死を決し実行したのにもかかわらず未遂《みすい》に終ったことに、今村は深く恥じ己《おの》れを責《せ》めに責め懊悩《おうのう》(悩みもだえること)した。それは死にまさる苦しみであった。悩みに悩み眠られぬ幾夜《いくよ》を経《へ》たあと、今村はこう思うに至《いた》った。

「自決が失敗に終ったのは、天が私に最後まで部下将兵を見守ってゆけと命じられたものと思う。今後とも戦犯たちと共に生きてゆく」

この決意と覚悟が以後二十余年の晩年《ばんねん》生活を貫《つらぬ》く。この言葉を聞いた部下の一軍医《ぐんい》は、「私は強く心を打たれたものでした。あの感激は三十数年たった今も忘れられません」と語っている。

このあと昭和二十二年五月、最後に今村の裁判が行われた。今村はこの戦争裁判の不当性《ふとうせい》、違法性《いほうせい》を強く批判《ひはん》するとともに、もしオーストラリアが自分の部下を罪ありとして処罰《しょばつ》せんとするならば、「自分が関知《かんち》(あずかり知ること)したことも関知しなかったことも、責任はすべて最高責任者たる私一人にある」として、自分一人を処罰すべきことを強く主張してやまなかったのである。無論彼らは今村の言い分を一切無視《いっさいむし》して、監督《かんとく》不十分の罪名《ざいめい》で十年の禁固刑《きんこけい》を言い渡《わた》した。

4、余生を部下に捧ぐ

部下のいるマヌス島へ――受刑者たちの慈父

オーストラリアによる戦争裁判が終った翌昭和二十三年、今村はかねてその身《み》柄引渡《がらひきわた》しをオーストラリア政府に要求していたオランダ政府によりジャワに移されて、今度はオランダの戦争裁判にかけられた。二国から裁判されるほど今村は憎悪《ぞうお》されたのである。それだけ今村の働きは重大だったのである。ことにオランダにとり宝の島ともいうべきインドネシアに対する植民地支配を打《う》ち砕《くだ》いた今村は、八《や》つ裂《ざ》きにしても飽《あ》き足《た》らぬ仇敵《きゅうてき》であった。オランダにとり今村の罪は死刑以外になかった。昭和二十四年三月、今村は全《まった》く不当《ふとう》な罪名《ざいめい》によって検事《けんじ》に死刑を求刑《きゅうけい》された。今村はその時の気持をこう記している。

「滅入《めい》るような暗い心の動きは少しもなく、その夜《よ》は陰惨《いんさん》な死刑囚房《しけいしゅうぼう》に移《うつ》されたのであるが、何《なに》か一種法悦《いっしゅほうえつ》（心の底からの悦び）のような気分《きぶん》に包《つつ》まれ眠りは安かった。大東亜戦争の勃発以来幾度《ぼっぱついらいいくど》か最後《さいご》の秋《とき》に会《かい》しながら、まだ生きていることが不思議でならない」

今村は幾度《いくど》も死線《しせん》を越えてきた。三年前には自決《じけつ》をこころみた。もうすでに死《し》生《せい》を超越《ちょうえつ》した心境《しんきょう》にあった。

この時インドネシアにおいては一九四五年よりオランダに対する独立戦争が続いていたが、次第《しだい》にオランダ側が不利《ふり》におちいり一九四九年（昭和二十四年）十二月二十七日を期《き》してインドネシアの独立を承認《しょうにん》することになったのである。従《したが》って日本人に対する戦争裁判は十二月二十六日までに一切完了《いっさいかんりょう》しなければならなくなった。いかに憎悪《ぞうお》すべき敵とはいえ日本軍の最高指揮官を死刑にするためには、いかにももっともらしい犯罪理由を捏造《ねつぞう》して「公正な裁判《こうせい》」という形式《けいしき》を整《ととの》えなければならないが、とてもそれどころではなく早々《そうそう》に本国に引き上げざるを得なくなった。裁判をする時間がなかったためやむをえず、犯罪事実の証拠《しょうこ》なしとして今村はからくも無罪となるのである。

このあとオランダ側と東京の占領軍《せんりょうぐん》総司令部との協議《きょうぎ》でジャワの刑務所にいる七百名の日本軍人は巣鴨刑務所《すがもけいむしょ》に移されることになった。今村はラバウルの旧部下らが収容《しゅうよう》されているマヌス島に送ってくれるよう強く要請《ようせい》したが、オランダ側は拒絶《きょぜつ》した。こうして今村は昭和二十五年一月、八年ぶりに祖国《そこく》の土を踏《ふ》み巣鴨刑務所に入れられた。今村は「オーストラリア軍の戦犯者なのでマヌス島に送ってほしい」とアメリカ軍の刑務所長に要請《ようせい》したが拒否《きょひ》された。そこで妻の久子《ひさこ》に総司令部に三度も行かせて懇願《こんがん》、ついにマヌス島行きが認められたのである。亡くなった前妻《ぜんさい》のあとに迎えた久子は、ひたすら夫《おっと》の希望を叶《かな》えさせたいと心を砕《くだ》いた。今村はバタビア(ジャカルタ)の刑務所にいたとき、マヌス島に移されたラバウル収容所の部下が、オーストラリア軍のもとで粗食《そしょく》のもとに重労働に喘《あえ》ぎ苦しむとともに監視兵に冷酷《れいこく》、暴虐《ぼうぎゃく》(荒々しくむごいこと)な扱いを受けていることを知らされ、すぐにも飛んでゆきたい思いに駆《か》られていた。

今村は昭和二十五年三月四日、マヌス島に上陸した。待《ま》ち焦《こ》がれていた四百人の旧部下らは歓声《かんせい》を上げ涙を湛《たた》えて今村を迎えた。旧部下たちの悦びは言葉に尽《つ》くしがたい。今村は「私を待っていた戦犯者たちは声をあげて迎えてくれ、その夜は明方《あけがた》まで語りあかした」とのべている。部下の一人は「この日の嬉《うれ》しさは生涯忘れられない」と語っている。

今村がやってくるとオーストラリア軍はそれまで日本兵に対して行っていた非《ひ》道《どう》、暴虐の行為《こうい》を改めるようになった。一部下はこうのべている。

「今村さんがマヌスに来られてからは収容所の状況《じょうきょう》が一変《いっぺん》し、オーストラリア兵の我々に対する扱《あつか》いも好転《こうてん》した。今村さんの人格の力がいかに大きいかを改めて思い知らされた」

今村は収容所四百名のすべての人々に限りない愛情を注《そそ》いだ。ことに病人には家族に対するように温かい言葉をかけて励ました。夕方から就寝時《しゅうしんじ》まで人々は自由を許されるが、今村は毎日近寄ってくる若い人たちと語り合った。言い知れぬ苦しみ悲しみをかかえている人々は、今村の温顔《おんがん》、慈顔《じがん》に接《せっ》し教えられ励まされたのである。マヌス島四百の旧部下らにとり今村は心のよりどころであり、みな今村を慈父《じふ》と仰いだ。

今村はマヌス島に行く際《さい》、収容所では新鮮《しんせん》な野菜が欠乏《けつぼう》しているだろうと野菜の種《たね》を持参《じさん》、収容所長に今村を含めた五十歳以上の者六人に野菜作りの許可を求めた。それが許されて毎日耕作《こうさく》に精《せい》を出した。六人が一人五反《ごたん》ほどの畑を受けもったが、トマトやネギなどがよく実《みの》った。高温多湿《こうおんたしつ》の地だから野菜は年に三、四回収穫《しゅうかく》できた。部下がいかに喜んだことか。そのうちオーストラリア軍の将《しょう》校《こう》らが今村の畑にやってきてワケギ（ネギの一種）を分けてくれと言ってきた。わけをきくとこう言う。

「進駐軍《しんちゅうぐん》として日本に行ったときに覚《おぼ》えました。〝すき焼き〟ぐらいうまい物はどこにもない。〝すき焼き〟には玉ネギではだめです。あなたのネギを分けて下さい」

彼らはお礼に巻《ま》きたばこなどを渡した。こうしたことも収容所の待遇改善《たいぐうかいぜん》の一助《いちじょ》になった。

昭和二十八年八月、オーストラリアはマヌス島収容所を閉鎖《へいさ》した。全員が巣鴨《すがも》に移送《いそう》された。翌二十九年十一月、刑期満了《けいきまんりょう》し今村は出獄《しゅつごく》した。この時六十八歳である。

今村が軍人として傑出《けっしゅつ》していたのみならず、壮年期《そうねんき》からは人格においてもほとんど非の打ち所のない人物であることをのべてきたが、今村がその人格を玉成《ぎょくせい》(完成)しえたのは、この十年間の艱難辛苦《かんなんしんく》に満ちた戦犯《せんぱん》・牢獄《ろうごく》生活を経験したからである。この十年の名状《めいじょう》に尽《つく》しがたい生死《せいし》を超《こ》えた試練《しれん》が今村の人物・人格をさらに磨《みが》き上げたのである。

旧部下と苦楽をともにした謹慎生活

十二年ぶりにわが家に帰った今村は、庭に建てた三畳の小屋で寝起《ねお》きした。なぜそうしたか今村は何も語っていない。それはあたかも罪人《ざいにん》のごとき謹慎《きんしん》（つつしみかしこまること）の生活であった。無実《むじつ》の罪で刑死《けいし》した部下《ぶか》、いまだ獄中《ごくちゅう》にある部下、戦死した部下、その遺族《いぞく》、家族、生還《せいかん》したものの生活に苦しむ部下たちのことを切《せつ》に思った今村は、そうせずにはいられなかったのである。

以後亡くなるまでの十四年間、今村は戦死者、刑死者の慰霊《いれい》、その遺族、旧部下の生活の支援、種々《しゅしゅ》の世話等精神的物質的両面において余生《よせい》のすべてを捧《ささ》げた。

今村は各地で行われる旧部下の慰霊祭《いれいさい》には極力《きょくりょく》出かけた。刑死者の遺族をたずねて心から冥福《めいふく》を祈り遺族をはげました。「まだ夫《おっと》の墓《はか》も建《た》てられずにいます」と言う妻に、「いずれお墓は建ちましょう。無理をしても早く建ててくれとは故人《こじん》も決して思っていないはずです」と慰め、そっと金一封《きんいっぷう》を霊前《れいぜん》に供《そな》えた。また遺児《いじ》たちの進学《しんがく》、就職《しゅうしょく》などの相談があれば、親身《しんみ》の世話をした。

今村の家にはよく旧部下がたずねて来て、窮状《きゅうじょう》を訴え援助《えんじょ》を請《こ》うことがしばしばであった。今村はできる限りそれに添《そ》って支援《しえん》した。ある時、今村をよく知る人がこう言った。

「相手の話を確めてから、援助されてはいかがですか。大分《だいぶ》だまされておられますよ」

今村は微笑《びしょう》を浮《う》かべてこたえた。

「それは私にもわかっています。だが戦争中、私は多くの部下を死地《しち》に投《とう》じた身《み》です。だから戦争がすんだ後は、生きているかぎり黙《だま》って部下にだまされてゆかねば……」

今村は多くの部下に支援《しえん》したが、そのための十分な蓄《たくわ》えがあったわけではない。収入はさして多くはない軍人恩給《ぐんじんおんきゅう》だけである。今村が自分の生涯をありのままに書いた著作《ちょさく》をいくつか出したのは部下

今村と久子夫人たち
（『続・一軍人六十年の哀歓』芙蓉書房刊より）

たちに支援するためである。今村の著作『私記・一軍人六十年の哀歓《あいかん》』（正続二巻）は文学的薫《かお》りの高い後世《こうせい》に残る名著である。

亡くなった部下に会いたくなると靖國神社《やすくにじんじゃ》に出かけた。今村の心はいつも旧部下たちとともにあった。

ここで久子夫人《ひさこふじん》のことをのべよう。今村は妻に死なれて三人の小さな子供が残され途方《とほう》にくれた。その時先輩《せんぱい》の軍人が久子を世話してくれた。久子は夫をなくした女性で二人とも再婚《さいこん》である。久子は子供を生めない体であった。三人の子供の育ての親として献身的《けんしんてき》に尽《つく》した慈母《じぼ》であり、今村にとって真《しん》に良妻《りょうさい》であった。今村が戦いに出、そのあと十年間の牢獄生活の間、大変な苦労をして家を守り子供を育て上げた。長男の和男はこう語っている。

「生みの親より育ての親……という言葉の通りのありがたい母でした。終戦《しゅうせん》の年に私は胸をわずらい、二十一年には喀血《かっけつ》して入院しました。母は献身的に看護《かんご》に当《あた》り、病人に必要な食料を手に入れるため戦時中に疎開《そかい》していた新潟まで買出《かいだ》しに行ってくれたものです。私の命が助かったのは母のおかげでした。母はいつもにこやかな明るい表情の人でしたが、それは生れつきの性格というよりたゆみない努力によるものだったと思います」

今村がマヌス島から巣鴨《すがも》に戻《もど》ってきた頃は、「戦犯《せんぱん》」とされた軍人を悪人視《あくにんし》する風潮《ふうちょう》が強く、妻は〝戦犯の妻〟とさげすまれ針《はり》のむしろにおかれた人々が少なくなかった。久子は今村の旧部下らが帰国の時は必ず出迎《でむか》えて労をねぎらい、夫に代《かわ》って慰霊祭《いれいさい》にも出席し、未帰還者《みきかんしゃ》、刑死者《けいししゃ》の家族、妻たちの相談相手になった。ことに戦犯として刑死した家族や妻たちにとり、久子夫人ほどありがたい心の支《ささ》えとなった存在はなかった。妻たちに心からやさしく親身《しんみ》（肉親のような親切）になって話をきいてあげできる限りのお世話をした。小説家角田房子《つのだふさこ》はその著書でこう書いている。

「こうした妻たちを、久子は〝同じ戦犯の妻〟という隔《へだ》てない態度で迎《むか》い入れた。大将と兵隊《へいたい》というかつての階級の差などみじんもない温かさに触《ふ》れて、妻たちは自然に心を開くことが出来た。彼女たちはつらさ、悲しさのすべてを語り、やさしく背をなでられて泣きたいだけ泣き、やがてその涙の底から生きる力をとり戻した」

久子夫人は聖将《せいしょう》とまで賛《たた》えられた今村に全《まった》く似《に》つかわしい立派な日本女性であり、刑死した部下の妻たちの慈母観音《じぼかんのん》であった。

祖国への信と愛――祖国の復興を確信して

大東亜戦争は悲しく痛ましい敗戦に終ったが、今村は日本民族への信頼をいささかも失わず祖国の復興《ふっこう》を確信《かくしん》していた。こうのべている。

「先《ま》ず第一に、国民は日本民族の優秀性《ゆうしゅうせい》を確信しなければならない。欧米民族《おうべい》が幾《いく》百年もかかって建設した文化を、日本が七、八十年の短期間で収《おさ》め得《え》たことに不愉快《ふゆかい》を感じて〝模倣者《もほうしゃ》〟とあざけり、我が同胞内《どうほうない》にもそう思っている者《もの》がある。が、儒教《じゅきょう》や仏教がその発祥《はっしょう》の地を去って我が国で完成され、近代科学においても国富《こくふ》の貧弱《ひんじゃく》からその研究や実験や整備が思うに委《まか》せずして実現のおくれがちだったことは残念だったが、我が科学者が決して他に劣《おと》っていないのは列国《れっこく》ともに認めており、私は依然《いぜん》として大和《やまと》民族は東西文化を融合《ゆうごう》する伝統的天分《でんとうてきてんぶん》を有《ゆう》するものと信じている。

第二に、日本民族のような勤勉性《きんべんせい》にすぐれたものは他にはない。いよいよこの性能《せいのう》を発揮《はっき》すべきだ。精励努力《せいれいどりょく》こそ真《しん》に人間を幸福たらしめる源泉《げんせん》なのだ。

第三には、民族を偉大にするものは困難を克服《こくふく》（うちかつこと）する精神力によるものであることを銘記《めいき》（深く心にきざむこと）すべきだ。悲観《ひかん》や失望《しつぼう》なかんずく民族の誇りを失うようなことがあってはならない。

第四には、人の和《わ》を向上《こうじょう》すべきだ。明治以来の我が民族の大発展は、実《じつ》は国民の大和《だいわ》によってなされたものである。

私は重《かさ》ねて言う。愛国心《あいこくしん》は日本人たることをよろこびとし、衆生《しゅじょう》（人間その他一切《いっさい》の生物）の恩《おん》を先《ま》ず国《くに》に報《むく》いようとする心であり、そしてこの心はきわめて自然に働かせ得《う》るものだと。即ち㈠、皇室を中心として国民が仲良くし、互いに助け合い、㈡、各々《おのおの》が職分《しょくぶん》職業に励《はげ》んで国を栄えさせ、住み心地《ごこち》のよいところとし、㈢、この繁栄と平和を他国との共存《きょうぞん》繁栄に役立つようにすればそれでよいものだと」

「約九十年前、我が祖国の内憂外患時《ないゆうがいかんじ》に決起《けっき》して、ドイツなどには比較《ひかく》し得《う》るものがないような世界的発展の基礎《きそ》を確立《かくりつ》し明治維新《めいじいしん》の大業《たいぎょう》を為《な》しとげたのも、やっぱり少壮者《しょうそうしゃ》を中心としての活躍だったのである。

長州《ちょうしゅう》に松下村塾《しょうかそんじゅく》を開いて幾多《いくた》愛国の志士《しし》を養成《ようせい》しついに牢獄《ろうごく》に斃《たお》れた（死ぬこと）吉田松陰《よしだしょういん》先生は、二十代で活躍《かつやく》し二十九歳で世を去っている。

江戸を兵火《へいか》より免《まぬか》れしめた西郷南洲《さいごうなんしゅう》と勝海舟《かつかいしゅう》の両翁《りょうおう》は明治元年《がんねん》には四十歳と四十五歳とであり、後《のち》に憲法を起案《きあん》した伊藤博文公《いとうひろぶみこう》は、その時二十七歳の若者だったのだ。

私はまだその数を確《たしか》め得《え》てはいないが、現在の祖国を再建しようとする愛国者はやっぱり純真《じゅんしん》な青年中に多く、次第《しだい》にその数を増加してこれが大きな力となると信じている一人であり、世界にもどこにも比類《ひるい》のない勤勉《きんべん》で有能な日本民族はやがてはドイツよりおくれている復興速度を早め、幾年《いくとせ》かの後《のち》にはこれ追いつき追い越すと信じ且《か》つ祈っている。

大正十年から昭和二年までの足かけ七年間フランス大使《たいし》として日本に駐在《ちゅうざい》したクローデル氏（一昨年〈昭和三十年〉二月、遂《つい》に高齢で世を去った）は外交官としてよりは詩人としてまた劇作家《げきさっか》として有名人であり、深く日本の文化を究《きわ》めて民族の優秀性を慕《した》っていたが、敗戦後の日本を詩として次のように予言《よげん》している。

日本は神《かみ》の国《くに》であったとき
極《きわ》めて光栄《こうえい》ある日々《ひび》を知ることを得《え》た
自分は信じている
戦争によって流された血潮《ちしお》は
決して空《むな》しいものに終ることはなく
日本国民に神の光をもたらすに違いないことを
これはいまや墓場《はかば》に近い八十歳の老翁《ろうおう》が
諸君に告げる予言なのだ
日本の友よ

勇気を持て　勇気を持て　勇気を持て
太陽まさにのぼらんとしている
日本万歳《ばんざい》
　太陽＝日本のこと
　　　　　　　　　　　　　　　」

建国以来、万世一系《ばんせいいっけい》の天皇を戴《いただ》く祖国日本の歴史、伝統、文化、文明並びに日本民族の使命《しめい》に対して、今村が日本人としていかに確固不動《かっこふどう》の自覚《じかく》と誇《ほこ》りを抱《いだ》いていたかがわかる。後世《こうせい》の人々―特に青少年―に伝える今村の心底《しんてい》の吐露《とろ》（心に思うことを隠さずのべること）であった。また今村が明治維新の志士達を深く尊敬仰慕《そんけいぎょうぼ》していたことも明らかである。今村は維新の志士《しし》、明治の先人達《せんじんたち》の気《け》高《だか》い精神の継承者《けいしょうしゃ》の一人として、大東亜戦争を最もよく戦い抜いた昭和の志士、武人《ぶじん》、サムライであった。

今村が最後に掲げたフランス人クローデルの詩はとても重要である。今村は「大和民族は東西文化を融合《ゆうごう》する伝統的天分《てんぶん》を有《ゆう》する」との確信を抱《いだ》いていたが、クローデルもまた日本という「神の国」が将来必ず世界的役割を果《はた》すに違いないことを洞察《どうさつ》（見抜くこと）してこのような予言《よげん》を残したのである。天才的詩人による直観《ちょっかん》である。

　クローデルは日本は大東亜戦争に敗《やぶ》れはしたが、それは決してただ空《むな》しいだけに終った意義なき戦いではないと言うのである。大東亜戦争が世界人類の歴史にこの上ない貢献《こうけん》をしたことは、第七巻の藤原岩市《ふじわらいわいち》のところでのべた。イギリス軍の一大佐《いちたいさ》は藤原機関《きかん》の働きを「グローリアス・サクセス（光栄ある成功）」と賛《たた》えた。クローデルは大東亜戦争を敢行《かんこう》し、ただ一国の力で人類平等の新しい世界を築《きず》き上げた日本であるからこそ、やがて日本国民に神の光がもたらされるであろうと予言したのである。今村はこのクローデルの予言に全面的に共感《きょうかん》共鳴《きょうめい》した。ここに今村の知性、霊性《れいせい》の高さがある。ただ戦《いくさ》が上手《じょうず》なだけの軍人ではなかった。クローデルはまた日本文明を賛えてこうのべている。

「私が決して滅ぼされることのないようにと願う一つの民族がある。それは日本民族だ。あれほど興味《きょうみ》ある太古《たいこ》からの文明を持っている民族をほかに知らない。

近代日本の驚くべき発展も私には少しも不思議ではない。彼らは貧しい。しかし彼らは高貴《こうき》だ」

昭和十八年、大東亜戦争中、敵である日本についてこう語ったのである。ほとんどの欧米人が人種差別観念をもって日本人を蔑視《べっし》(だからこそ日本は大東亜戦争をせざるを得なかった)した中で、例外的《れいがいてき》にクローデルは日本文明の比類《ひるい》ない価値《かち》を認め、次第《しだい》に日本の戦局《せんきょく》が不利《ふり》になってゆくことを憂《うれ》いつゝ、「神の国」日本の不滅《ふめつ》を切《せつ》に願ったのである。中高生諸君、世界的詩人ポール・クローデルの日本への愛にもとづくこの二つの言葉を肝《きも》に銘《めい》じようではないか。

明治の聖将と昭和の聖将

今村は昭和四十三年十月四日、八十二歳で亡くなった。今村は終生《しゅうせい》乃木希典《のぎまれすけ》を心に抱《いだ》いたが、乃木将軍像《しょうぐんぞう》の台座《だいざ》の文字「乃木大将と辻占売《つじうらう》り少年像」を書き終え、風呂に入り居間《いま》に戻《もど》ったところ倒れてそのまま息を引きとるのである。

久子夫人はその五ヵ月前に亡くなっていた。

今村は軍人離れをしたところがありふつうの軍人らしからぬところがあり、文学や宗教に深入《ふかい》りし、「軍人としては哲学書や宗教書などを読みすぎた」ことは前にのべた。しかしそこに他の軍人とは一味《ひとあじ》も二味《ふたあじ》も異《こと》なる今村の人間的深さがあった。

最晩年の今村の写真を見ると、微塵《みじん》の俗気《ぞくけ》もない高貴《こうき》で清《きよ》らかな慈顔《じがん》がそこにある。ある人は晩年の今村には後光《ごこう》が射《さ》していたといっている。今村が亡くなったとき駆《か》けつけた陸軍士官学校同期生舞伝男《どうきせいまい》（陸軍中将）はこう語っている。

「全員が幼年《ようねん》学校出でなく一般の中学校出身者だけという珍《めずら》しい期でしたが、五人の大将《たいしょう》が出ました。五人それぞれに特色があったが、人間として一番円熟《えんじゅく》したのは今村君でした。人間はいくつになっても多少ともなまぐさいところがあるものだが、晩年の今村君には全くそれがなかった。生《い》き身《み》のまま仏様《ほとけさま》になってしまった。

今村君は責任感という芯《しん》があった。今村君の責任感は戦争後に罪の意識に変った。罪責《ざいせき》（罪を犯《おか》した責任）の意識といいますか……。それはあの牢屋《ろうや》のような三畳に自分をとじこめていたことでわかる。多少とも俗臭《ぞくしゅう》の残る今村君の肉体はとっくになくなっていたんじゃないかな、罪滅ぼしの心だけがこの世に残って……」

大東亜戦争の敗戦とアメリカによる占領統治《せんりょうとうち》は、軍人の価値《かち》を二束三文《にそくさんもん》（ただ同然《どうぜん》の値段）にした。しかしその中にあって今村の人格と生涯《しょうがい》は燦然《さんぜん》（あざやかに光輝くさま）と輝いている。今村は昭和の御代《みよ》を代表する人物の一人にほかならない。

今村が軍人の鑑《かがみ》として仰《あお》いだ乃木希典《のぎまれすけ》は西南戦争で連隊旗《れんたいき》を敵に奪われて死のうとして死なれず、その後三十五年生きて遂《つい》に殉死《じゅんし》（臣下《しんか》が主君《しゅくん》の死のあとを追って死ぬこと）した。今村もまた自決《じけつ》を果《は》たすことができず、その後二十余年清僧《せいそう》の如《ごと》き生活を送った。責任を深く自覚《じかく》して生きた乃木希典と今村均はともに明治と昭和が生んだわが国の誇るべき聖将《せいしょう》であった。

参考文献

『私記・一軍人六十年の哀歓』（正続）今村均　芙蓉書房　昭和45年
『幽囚回顧録』今村均　秋田書店　昭和41年
『責任ラバウルの将軍今村均』角田房子　新潮社　昭和59年
『信義を貫いた不敗の名将今村均』葉治英哉　ＰＨＰ研究所　平成11年
『陸軍大将今村均』秋永芳郎　光人社　平成15年
『日本軍の研究―指揮官（下）』今井武夫他　原書房　昭和55年
『陸軍諜報員柳川中尉』柳川宗成　産経新聞出版局　昭和42年
『世界から見た大東亜戦争』名越二荒之助　展転社　平成３年
『アジアに生きる大東亜戦争』ＡＳＥＡＮセンター編　展転社　昭和63年
『言霊の幸ふ国』市原豊太　神社新報社　昭和60年
ほか

日本《にっぽん》の偉人物語《いじんものがたり》　8
空海《くうかい》　勝海舟《かつかいしゅう》　今村均《いまむらひとし》

初版発行　令和5年5月1日

著　　者　岡田幹彦
発 行 者　白水春人
発 行 所　株式会社 光明思想社
〒103-0004 東京都中央区東日本橋2-27-9　初音森ビル10F
TEL 03-5829-6581
FAX 03-5829-6582
URL http://komyoushisousha.co.jp/
郵便振替 00120-6-503028
装　　幀　久保和正
本文組版　メディア・コパン
印刷・製本　中央精版印刷株式会社

ISBN978-4-86700-039-7
落丁本・乱丁本はお取り替え致します。定価はカバーに表示してあります。